汽车车身修复技术

主 编 王 建 赵友财
副主编 余定溏 张家忠 刘 庆
参 编 吴兴模 田 鑫 彭利春

机械工业出版社

本书内容包括认知车身修复安全常识及服务流程、认知车身结构、认知车身材料、认知常用工具及设备、车身损伤分析、典型板件的拆装与调整、车身覆盖件受损修复、车身测量及校正、认知焊接技术、车身塑料件修复10个项目，每个项目包括若干个任务。本书为理实一体化教材，在理论方面注重基础原理的描述，实训方面注重培养学生基础实操能力和基本素养。

本书可作为职业教育汽车车身修复专业的教学用书，也可作为职业技能等级证书考核培训教材。为了方便教学，一些重点技能配备有相应的操作视频以供参考。

为方便教学，本书配有电子课件等资源。凡选用本书作为授课教材的教师均可登录 www.cmpedu.com，以教师身份注册后免费下载，或来电咨询，咨询电话：010-88379201。

图书在版编目（CIP）数据

汽车车身修复技术 / 王建，赵友财主编. — 北京：机械工业出版社，2023.12（2025.1重印）
ISBN 978-7-111-74705-5

Ⅰ. ①汽… Ⅱ. ①王… ②赵… Ⅲ. ①汽车—车体—车辆修理—高等职业教育—教材 Ⅳ. ①U472.4

中国国家版本馆CIP数据核字（2024）第002875号

机械工业出版社（北京市百万庄大街22号　邮政编码100037）
策划编辑：师　哲　　　　　责任编辑：师　哲　张双国
责任校对：郑　雪　陈　越　　封面设计：张　静
责任印制：常天培
固安县铭成印刷有限公司印刷
2025年1月第1版第3次印刷
210mm×285mm · 11印张 · 217千字
标准书号：ISBN 978-7-111-74705-5
定价：48.00元

电话服务　　　　　　　网络服务
客服电话：010-88361066　机　工　官　网：www.cmpbook.com
　　　　　010-88379833　机　工　官　博：weibo.com/cmp1952
　　　　　010-68326294　金　书　网：www.golden-book.com
封底无防伪标均为盗版　机工教育服务网：www.cmpedu.com

前 言

本书是编者结合我国汽车车身修复专业领域技能型紧缺人才的实际需求情况，借鉴国内外先进的职业教育理念、模式和方法，并参照相关的国家职业标准、行业的职业技能鉴定规范及中级技术工人等级考核标准和职业技能等级证书标准，组织从事多年职业教育教学工作的一线骨干教师和学科带头人对汽车车身修复岗位群进行调研，对其职业能力进行分析，研究总结出汽车车身修复人才培养方案，并在企业、行业专家参与和指导下编写而成的。

本书坚持"以服务为宗旨，以就业与升学并重为导向"的编写思想，突出了职业技能教育的特色。本书的主要特点如下：

1. 内容新颖，以新技术、新工艺和新装备为主。
2. 叙述文字简练、通俗易懂。
3. 尽量采用图文并茂的编排形式。
4. 每个任务均采用先理论后实践，现学现做的编写形式。

本书理论方面注重基础原理的描述，实训方面注重培养学生基础实操能力和基本素养。

本书内容包括认知车身修复安全常识及服务流程、认知车身结构、认知车身材料、认知常用工具及设备、车身损伤分析、典型板件的拆装与调整、车身覆盖件受损修复、车身测量及校正、认知焊接技术、车身塑料件修复10个项目，每个项目包括若干个任务。

本书由贵阳市交通学校王建、赵友财担任主编，贵州交通技师学院余定溏、黔东南州技师学院张家忠、安徽汽车职业技术学院刘庆担任副主编。参与编写的还有贵阳市交通学校吴兴模、田鑫，乌当区中等职业学校彭利春。具体编写分工如下：王建编写了项目四、项目五、项目六任务三、项目八，赵友财编写了项目七、项目九，余定溏编写了项目一，张家忠编写了项目六任务一，刘庆编写了项目六任务二，田鑫编写了项目二，吴兴模编写了项目三，彭利春编写了项目十。

由于编者水平有限，书中难免有不妥之处，恳请广大读者批评指正。

编　者

目 录

前言

项目一　认知车身修复安全常识及服务流程 ·· 1
  任务一　车身修复安全常识的认知 ·· 1
  任务二　汽车车身修复服务流程的认知 ·· 7

项目二　认知车身结构 ·· 12
  任务一　车身结构分类及特征的认知 ·· 12
  任务二　轿车车身结构及零部件的认知 ·· 17

项目三　认知车身材料 ·· 24
  任务一　车身常用金属材料的认知 ·· 24
  任务二　车身常用非金属材料的认知 ·· 33

项目四　认知常用工具及设备 ·· 39
  任务一　手动工具的认知与操作 ·· 39
  任务二　动力工具的认知与操作 ·· 46

项目五　车身损伤分析 ·· 51
  任务一　车身损伤的类型及检查方法的认知 ································ 51
  任务二　车身碰撞损伤分析 ·· 56

项目六　典型板件的拆装与调整 ·· 69
  任务一　保险杠的拆装与调整 ·· 69
  任务二　翼子板的拆装与调整 ·· 75
  任务三　车门的拆装与调整 ·· 80

项目七　车身覆盖件受损修复 ·· 88
  任务一　汽车钣金快修（免喷漆） ·· 88
  任务二　车身面板整形 ·· 95

项目八　车身测量及校正 ·· 106
  任务一　车身测量 ·· 106
  任务二　车身校正 ·· 116

项目九　认知焊接技术 · · · · · · 127
任务一　电阻点焊的认知与操作 · · · · · · 127
任务二　CO_2 气体保护焊的认知与操作 · · · · · · 139

项目十　车身塑料件修复 · · · · · · 156
任务一　车身塑料分类的认知与操作 · · · · · · 156
任务二　车身塑料件的修复 · · · · · · 161

参考文献 · · · · · · 170

项目一　认知车身修复安全常识及服务流程

项目描述

在车身修复车间，常常会看到醒目的安全标语，如"安全重于泰山，生命至上、精益求精"等，这些安全生产警示都在提醒安全是一切生产的前提条件。因此，维修人员只有在车间安全考核合格后才可以上岗操作。本项目主要对车身修复安全常识、车身修复服务流程进行介绍，并通过典型案例来进行论证，使学生牢固树立车身修复安全意识。

任务一　车身修复安全常识的认知

任务目标

知识目标	技能目标	素养目标
1. 掌握车身修复身体防护的基本知识。 2. 掌握各类防护用具功能和使用方法的基础知识。	1. 具有车身修复作业时的防护能力。 2. 具有使用和维护各类防护用具的能力。	1. 培养良好的安全作业职业习惯。 2. 树立生命至上、安全第一的安全意识。

任务描述

在车身修复车间，当进行焊接、切割、车身校正等作业时，弧光、噪声、有毒气体等都会对操作者的身体造成不同程度的伤害。应该如何进行有效的安全防护呢？

知识储备

在车身修复车间，不管是焊接、切割、车身校正还是使用其他设备或工具时，都难免会有安全隐患。这些隐患都会对身体造成伤害,严重时会危及生命安全,所以维修人员应该熟悉车间安全知识及掌握如何防护自身安全。

一、身体的基本防护

1. 工作服

车间内工作时应穿着合身的工作服,如图1-1所示,不能穿着宽松的衣服、未系袖口的衬衫、松垂的领带,并且不能披着衣服。应该远离发动机等运动部位,以免衣物被卷入运动部件而造成严重的身体伤害。工作时不得佩戴戒指、手镯、项链、手表和其他饰物。

2. 劳保鞋

在钣金修复工作中,使用120V和240V电压的设备都有可能引起触电,当电流穿过人的身体时,可以造成严重的伤害甚至致死。当使用电动工具、电动设备时,应穿戴专业的绝缘手套和绝缘鞋,以免触电对身体造成伤害,并预防工件掉落砸伤脚,所以需要穿上劳保鞋,如图1-2所示。

图1-1　工作服

图1-2　劳保鞋

3. 棉丝手套

操作前需要戴棉丝手套,如图1-3所示,以免在操作中划伤手。

4. 工作帽

对车辆进行作业之前,一定要将头发固定在工作帽中,如图1-4所示,否则散发可能会被绞进运动部件或气动工具内,导致扯下或切断头发的事故发生。另外,为防止被灰尘或漆雾污染,保持头发的清洁和健康,在工作区内应戴工作帽,在喷漆房内要戴弹性兜帽。

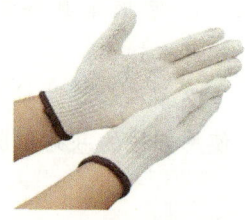

图1-3　棉丝手套

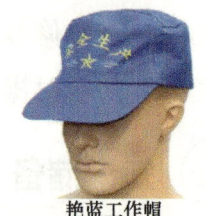

艳蓝工作帽

图1-4　工作帽

二、焊接防护

焊接作业中会产生高温飞溅物和紫外线，为了防止它们伤害操作人员的身体，应该佩戴以下防护用具。

1. 供气式呼吸器

供气式呼吸器通常包括一个有透明护目镜的兜帽和一个外接气源软管，如图 1-5 所示。干净可呼吸的空气通过软管从一个单独的气源泵送到面罩或头盔中。供气式呼吸器可使操作人员免于吸入对人体有害的空气悬浮物，如添加了固化剂的涂料、异氰酸酯涂料蒸气、烟雾以及溶剂蒸气。在喷涂所有类型的底漆、涂料、密封材料和防腐材料时，都应使用供气式呼吸器进行防护。

2. 焊接面罩

焊接面罩主要是在焊接时用于眼睛和头部的防护，焊接面罩上装有一块深色玻璃制成的焊接面罩插片，用于保护眼睛免受紫外线的烧灼，如图 1-6 所示。插片玻璃的颜色越深，防护效果越好。

图 1-5　供气式呼吸器

图 1-6　焊接面罩

3. 焊接专用工作服

焊接操作前，操作人员都要穿上焊接专用工作服，如图 1-7 所示。这种工作服的特点是能吸湿排汗、耐磨、耐高温、防火花。焊接时，能使操作人员身体免受伤害。焊接专用工作服一般用牛皮或纯棉布制成。

4. 焊接手套

焊接时会产生高温、高温飞溅物及辐射，在焊接时一定要佩戴焊接手套，如图 1-8 所示。它的特点是耐磨损、抗刀割、防火、隔热、阻挡辐射，同时有一定的绝缘性能。根据焊接种类的不同，一般将焊接手套分为短焊接手套和普通焊接手套。

5. 焊接护腿

焊接的腿部防护用品一般包括焊接护脚和焊接护膝，平常统称为焊接护腿，如图 1-9 所示。焊接护腿的作用是防止焊接时产生的高温飞溅物掉落到腿上和脚上造成烫伤。焊接时，操作人员一定要穿戴焊接护腿。焊接护腿的特点是防火、隔热、耐磨等。

图1-7 焊接专用工作服

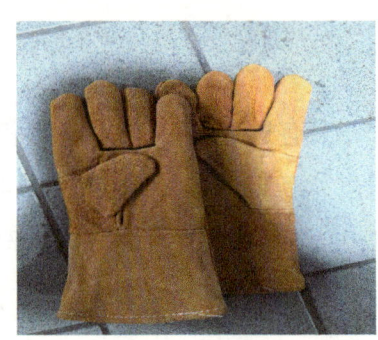
图1-8 焊接手套

图1-9 焊接护腿

三、切割的防护

在进行车身板件更换操作时，常会使用气动式切割机分离车身上已损坏的部件，在切割过程中会产生大量的金属切屑和高分贝的噪声，为了防止它们伤害操作人员的身体，应该佩戴以下防护用具。

1. 耳罩

耳罩是一种听觉系统的保护装置，如图1-10所示。在进行切割或在其他产生高分贝噪声环境下工作时，应佩戴耳罩以保护耳膜不受高分贝噪声的损害。

2. 透明面罩

在使用切割锯进行金属材料切割时，会产生大量的飞溅金属屑，所以在操作前需要佩戴透明面罩，如图1-11所示，以免金属粉尘飞溅到眼睛里造成伤害，金属屑对皮肤表面也会产生伤害。

3. 风镜

风镜又称为防护镜，是一种对眼部全封闭保护的眼镜，如图1-12所示。风镜主要在打磨或者处理可能会对眼睛有伤害的环境下工作时佩戴，用于打磨防护，防止打磨粉尘进入眼睛造成伤害。

图1-10 耳罩

图1-11 透明面罩

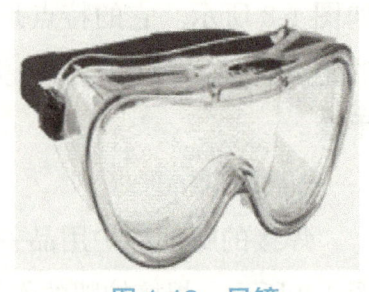
图1-12 风镜

项目一 认知车身修复安全常识及服务流程

任务实施

一、任务准备

任务所需的设备、工具、量具及安全防护用品见表1-1。

表1-1 任务所需的设备、工具、量具及安全防护用品清单

项目	内容
安全防护用品	工作帽、护目镜、耳罩、口罩、工作服、棉丝手套、劳保鞋、焊接服、透明面罩
设备及工具、量具	焊机、气动或切割机、板件5件套
场地	钣喷实训中心

二、实训操作

1）穿戴基本防护用具，如图1-13所示。

提示：基本防护用具包括工作服、棉丝手套、绝缘鞋和工作帽。

2）穿戴焊接时的专用防护用具，如图1-14所示。

提示：焊接时的专用防护用具包括焊接头盔、焊接专用衣服、护腿和焊接手套。

图1-13 基本防护用具

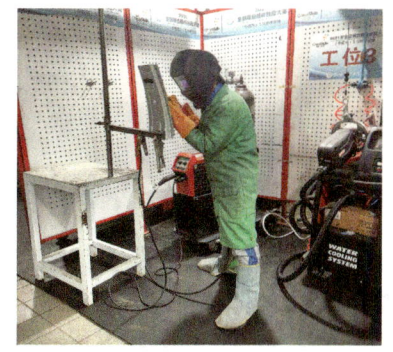

图1-14 焊接时的专用防护用具

3）穿戴切割时的防护用具，如图1-15所示。

提示：切割时的防护用具包括耳罩、风镜和棉丝手套。

图1-15 切割时的防护用具

三、学习任务作业单

车身修复安全常识的认知　任务作业单

班级：_____　姓名：_____　学号：_____　成绩：_____

1. 绝缘鞋的作用：_____。

2. 耳罩的作用：_____。

3. 为了防止焊接时产生的高温飞溅物掉落在腿上和脚上，应使用_____进行防护。

4. 焊接时应佩戴的防护用具包括_____。

5. 在进行操作前，应佩戴的基本防护用具包括_____。

6. 惰性气体保护焊操作过程中用到的设备有_____。

评价总结

1. 小组评价

小组评价表见表1-2，总分50分。

表1-2　小组评价表

操作项目	考核内容	评分标准	配分	扣分	得分
考核前准备	场地、设备、工具、量具及防护用品一次性备齐	根据情况酌情扣分	5分		
操作步骤	1. 个人安全防护 2. 操作流程规范、合理 3. 工具、量具选择合适，娴熟	项目未做不得分，操作方法不当扣2分	25分		
文明操作	操作有序、规范	根据情况酌情扣分	5分		
安全操作	无设备、工具、量具、人身事故	根据情况酌情扣分	10分		
7S 管理	整理工具、清洁场地	根据情况酌情扣分	5分		

2. 教师总体评价（总分50分）

任务二　汽车车身修复服务流程的认知

任务目标

知识目标	技能目标	素养目标
1. 掌握车身修复服务流程的基本知识。 2. 掌握车身修复技术人员的日常工作基础知识。	具有车身修复流程服务的能力。	1. 培养良好的职业自信心、职业自豪感。 2. 树立安全、规范的职业服务意识。

任务描述

汽车维修作为一个服务行业，为了让客户放心、舒心、安心，需要有一个规范的服务流程。本任务主要围绕车身修复服务流程进行学习。

知识储备

受损车辆的典型修理过程：从被送进车间到损伤评估，到金属矫正、填充、打磨、遮蔽、喷漆以及所有细节，直到最后向客户交车。

一旦车主和保险公司同意了修理方案，车辆就会被送到车间主管处。车间主管有时会借助于技师的帮助，复查估损结果，判断如何进行修理。

修理说明打印在修理任务单上，所有的修理工作都按照这个说明执行。

一旦车间收到了修理任务单，车身车间就按照一个常规顺序进行修理。车架/车身严重受损的车辆基本上按照以下顺序进行修理：

1）先对车辆进行清洁，然后将车辆送到维修工作区。

2）研究修理任务单和车辆的损坏情况，确定修理程序。

3）拆下严重损坏的用螺栓连接的零部件。

4）测量损坏情况。

5）用车架矫正机矫正车架/承载式车身。

6）更换严重损坏的焊接部件。

7）矫正轻微的车身损坏。

8）涂敷车身填料并对修理部位进行粗打磨。

9）在涂填料的部位涂敷底漆填料。

10）对要进行喷漆的修理部位和部件进行细打磨。

11）遮蔽不需要喷漆的部位。

12）清洁要喷漆的表面。

13）对损坏的车身零部件进行喷漆。

14）精修和最后处理（清除遮蔽、清洁、抛光）。

任务实施

一、任务准备

任务所需的设备、工具、量具及安全防护用品见表1-3。

表1-3 任务所需的设备、工具、量具及安全防护用品清单

项目	内容
安全防护用品	工作帽、护目镜、耳罩、口罩、工作服、棉丝手套、劳保鞋、毛巾
设备及工具、量具	洗车机、气动式切割机、激光校正仪、焊机
场地	钣喷实训中心

二、实训操作

1. 定损工作

分析车辆的损坏程度和计算车辆修复所需的费用。

2. 复查估损结果

对定损单进行复查，明确维修内容、检查有无遗漏项目并及时通告。

3. 开具修复任务单（派工单）

签订委托维修派工单，明确最终的维修项目、费用及交车时间等内容。

4. 清洁车辆

对事故车辆进行必要的清洁，然后将车辆送到维修工作区。

5. 拆卸零部件

按照修理程序，将妨碍校正作业和测量工作的零部件先行拆卸，如图1-16所示。

6. 测量损坏情况

对车身进行测量，从而复核并确认钣金维修方案。

7. 车身校正

根据测量数据确定是否需要实施校正修复。

8. 更换严重损坏的部件

对受损严重的部件进行必要的切割及更换，如图1-17所示。

图 1-16　拆卸零部件

图 1-17　更换严重损坏的部件

9. 修复轻微损坏的部件

对损坏较轻微的覆盖件损伤进行矫正，如图 1-18 所示。

10. 防腐处理

对维修后的车辆进行车身防腐处理，如图 1-19 所示。

图 1-18　矫正轻微损坏的部件

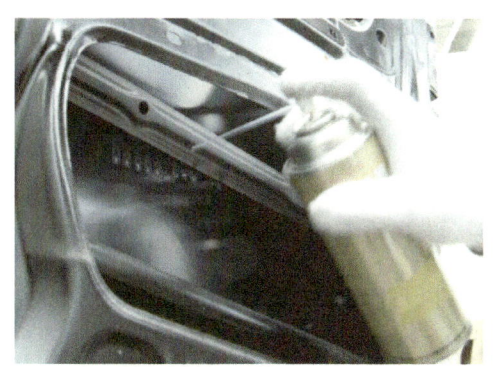

图 1-19　防腐处理

11. 部件安装及调整工作

完成最后的部件安装及调整工作，如图 1-20 所示。

图 1-20　部件安装及调整工作

12. 刮涂、喷漆处理

对原漆面及钣金修复漆面损伤，对车身受损表面进行刮涂、喷漆等处理。

13. 车辆质检

对车辆性能进行质检交车。

三、学习任务作业单

汽车车身修复服务流程的认知　任务作业单

班级：_____　姓名：_____　学号：_____　成绩：_____

1. 画出汽车车身修复服务流程图。

2. 对事故车辆进行清洁的原因是_____。
3. 车主和保险公司同意了修理方案，车辆就会被送到_____。
4. 钣金工作区是_____、_____和_____的车间区域。
5. 车辆测量帮助确定严重损坏的_____和_____。
6. 更换部件时，必须做_____处理以避免新件锈蚀。

评价总结

1. 小组评价

小组评价表见表1-4，总分50分。

表1-4　小组评价表

操作项目	考核内容	评分标准	配分	扣分	得分
考核前准备	场地、设备、工具、量具及防护用品一次性备齐	根据情况酌情扣分	5分		
操作步骤	1. 个人安全防护 2. 操作流程规范、合理 3. 操作娴熟	项目未做不得分，操作方法不当扣2分	25分		
文明操作	操作有序、规范	根据情况酌情扣分	5分		
安全操作	无设备、工具、量具、人身事故	根据情况酌情扣分	10分		
7S管理	整理工具、清洁场地	根据情况酌情扣分	5分		

2. 教师总体评价（总分 50 分）

项目习题

一、判断题

1. 进行车身修复工作时禁止佩戴戒指、手镯、项链，但是可以戴手表。（   ）
2. 车身修理又称为碰撞修理，是将事故中受损的车辆修复。（   ）
3. 焊接面罩主要是在焊接时用于防护头部。（   ）
4. 焊接的基本防护用具包括焊接头盔、焊接专用衣服、护腿和焊接手套。（   ）
5. 戴上手套可以防止液体、底漆以及涂层对手的不良影响。（   ）

二、选择题

1. 防护效果最好的呼吸器是（   ）。

   A. 滤筒式呼吸器　　　　B. 供气式呼吸器　　　　C. 防尘式呼吸器

2. 焊接时戴焊接头盔的主要目的是（   ）。

   A. 防止紫外线对眼睛伤害

   B. 看清楚焊接位置

   C. 防止头部碰伤

3. 维修人员进行某项操作时要戴耳罩，这项操作是（   ）。

   A. 焊接　　　　　　　　B. 拧螺栓　　　　　　　C. 打磨

4. 在车身/喷涂车间不应穿戴（   ）。

   A. 连身衣　　　　　　　B. 宽松的衣物

   C. 帽子　　　　　　　　D. 宽松的衣物和帽子

5. 焊接时的防护镜片是（   ）。

   A. 茶色镜片　　　　　　B. 深色镜片　　　　　　C. 淡色镜片

项目二　认知车身结构

 项目描述

车身作为汽车的重要组成部分，其地位和价值越来越高，也越来越受到重视。随着节能、环保成为当今汽车发展的趋势，车身技术将逐渐成为汽车工业激烈竞争的主战场，车身对整车的安全性、动力性、经济性、舒适性及操控性有着重要的影响。本项目主要介绍现代汽车车身的结构及车身发展的趋势，这对合理地制订维修方案很有帮助。

任务一　车身结构分类及特征的认知

 任务目标

知识目标	技能目标	素养目标
1. 掌握汽车车身的类型。 2. 掌握非承载车身结构。 3. 掌握非承载式车身的优缺点。	1. 具有识别非承载式车身结构的能力。 2. 具有叙述承载式车身壳体组成的能力。 3. 具有叙述非承载式车身特征的能力。	1. 培养认真学习的好习惯。 2. 培养分析问题解决问题的思维。 3. 培养逻辑思维。

 任务描述

现有一辆汽车，如图 2-1 所示，需要进行车身结构分类，请说出该车车身结构类型及其结构特点。

图 2-1 现代化汽车结构

知识储备

一、车身结构分类

车身结构指构成车身整体的各个部件的布置形式以及部件之间装配的方式。汽车车身的作用主要是保护驾驶人和乘员以及构成良好的空气动力学环境。好的车身不仅带来更佳的性能，还能体现出车主的个性。

车身应对驾驶人提供便利的工作条件，对乘员提供舒适的乘坐条件，保护他们免受汽车行驶时的振动、噪声、废气的侵袭以及外界气候的影响，并保证完好无损地运载货物且装卸方便。

1. 按用途分类

（1）客车车身　客车车身可按车身的大小、特点分为轿车车身（图 2-2）和大型客车车身（图 2-3）。轿车按照车身结构可以分为普通轿车、硬顶轿车、敞篷车、舱背式轿车、旅行车、多功能车（SUV）、厢式车等。

（2）货车车身　通常包括驾驶室和货厢两部分，如图 2-4 所示。货厢可分为封闭式货厢、自卸式货厢、专用货厢、传统货厢和特种车货厢等。目前货车上使用的车架是梯形车架。

图 2-2　轿车车身　　　图 2-3　大型客车车身　　　图 2-4　货车车身

2. 按车身壳体的结构形式分类

（1）车架式车身　具有完整的"骨架"，车身蒙皮固定在已装配好的"骨架"上。

（2）半车架式车身　只有部分"骨架"（如单独的立柱、拱形梁、加固件等），它们彼此连接或借蒙皮板相连。

(3) 整体式车身 没有"骨架",利用各种蒙皮板相连接时所形成的加强筋来代替"骨架"。客车及较大型车厢多采用车架式车身,轿车和货车广泛采用整体式车身。

3. 按照车身的受力情况分类

(1) 非承载式车身 用弹性元件与车架相连,车身不承受汽车载荷,如图2-5所示。

(2) 半承载式车身 车身与车架刚性连接,车身承受一部分载荷。

(3) 承载式车身 全部载荷均由车身承受,底盘各部件可以直接与车身相连,取消了车架,如图2-6所示。承载式车身具有更小的质量、更大的刚度和更小的高度。

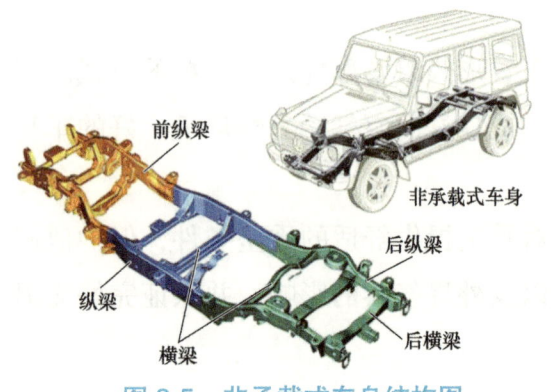

图2-5 非承载式车身结构图

图2-6 承载式车身结构图

二、车身结构特征

(一) 非承载式车身结构特征

非承载式车身的汽车有刚性车架,车架是支撑车身的基础构建,一般称为底盘大梁架,发动机、变速器、转向器及车身部件都固定其上面。它除了承受载荷外,还要承受汽车行驶时产生的动载荷,因此,车架必须要有足够的强度和刚度,以保证汽车在正常使用过程中,在受到各种应力作用时不会被破坏和变形。

1. 非承载式车身结构的优点

(1) 减振性能好 发动机和底盘各主要总成直接装配在车架上,可以较好地吸收来自各方面的冲击和振动。

(2) 工艺简单 壳体和底架共同组成车身主体,它与底盘可以分开制造、装配,再组装到一起,总装工艺简单。

(3) 易于改型 由于以车架为车身的基础,易于按使用要求对车身进行改型。

(4) 安全性高 当汽车发生碰撞时,冲击能量的大部分由车架吸收,对车身主体能起一定保护作用。

2. 非承载式车身结构的缺点

（1）**质量大**　由于车身壳体不参与或很少参与承载，所以要求车架有足够的强度和刚度，从而导致整车质量增大。

（2）**横截面大**　由于车架介于车身主体和底盘之间，给降低整车高度带来了一定困难。

（3）**投入高**　制造车架需要一定厚度的钢板，对冲压设备要求高，设备投资较大。

（二）承载式车身结构特征

承载式车身的汽车没有刚性车架，只是加强了车头、侧围、车尾、底板等部位，车身和底架共同组成了车身本体的刚性空间结构。承载式车身除了其固有的乘载功能外，还要直接承受各种负荷。经过几十年的发展和完善，承载式车身不论在安全性还是在稳定性方面都有很大的提高，具有质量小、高度小、没有悬置装置、装配容易等优点，因此大部分的轿车采用了这种车身结构。

1. 承载式车身结构的优点

1）车身是由薄钢板冲压成形的构件组焊而成，具有质量小、刚性好、抗扭能力强等特点。

2）车身采用容易成形的薄钢板冲压而成，并且采用点焊和多工位自动焊接等现代化生产方式，使车身组焊后的整体变形小，且生产效率高、质量保障性好。

3）由于没有独立的车架，汽车整体高度、重心高度、承载面高度都有所减小，可利用空间相应增大，结构紧凑。

4）由薄钢板冲压成形的构件组焊而成的车身，具有均匀承受载荷并加以扩散的功能，冲击能量的吸收性好，使汽车的安全保障性得到改善和提高。

2. 承载式车身结构的缺点

1）底盘部件与车身结合部在汽车运动载荷的冲击下，极易发生疲劳损伤。乘员室容易受到来自汽车底盘的振动和噪声的影响，需要采取减振、降噪等技术措施。

2）由事故所导致的整体变形较为复杂，并且会直接影响汽车的行驶性能。

任务实施

一、任务准备

任务所需的资料、设备、工具见表 2-1。

表2-1 任务所需的资料、设备、工具清单

项目	内容
安全防护用品	工作服、工作帽、护目镜、耳塞、棉丝手套、劳保鞋
设备及耗材	轿车车身、客车车身挂图各1幅或车身PPT
场地	钣喷实训中心

二、实训操作

1）穿工作服、劳保鞋，戴工作帽、棉丝手套。

2）辨别车身结构。

三、学习任务作业单

<u>车身结构分类及特征的认知</u>　任务作业单

班级：_____　姓名：_____　学号：_____　成绩：_____

根据下图回答问题。

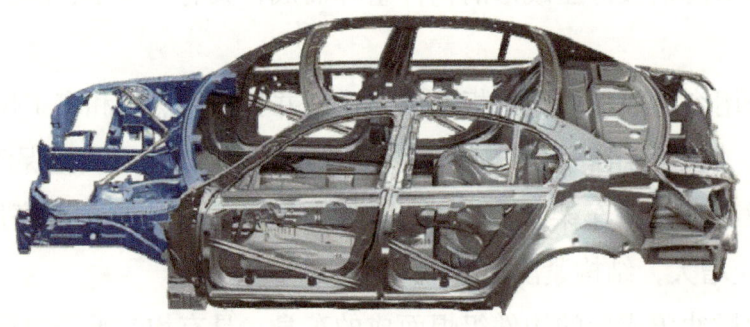

该车身结构为_____。

该车身结构的特征为_____

_____。

该车身结构为_____。

该车身结构的特征为_____

_____。

评价总结

1. 小组评价

小组评价表见表 2-2,总分 50 分。

表 2-2 小组评价表

操作项目	考核内容	评分标准	配分	扣分	得分
考核前准备	作业服装整齐,防护齐备,一次性备齐所需工具	根据情况酌情扣分	5分		
操作步骤	1. 个人安全防护 2. 操作流程规范、合理 3. 车身结构阐述清楚、熟练	项目未做不得分,操作方法不当扣2分	25分		
文明操作	操作有序、规范	根据情况酌情扣分	5分		
安全操作	无机具、人身事故	根据情况酌情扣分	10分		
7S 管理	整理工具、清洁场地	根据情况酌情扣分	5分		

2. 教师总体评价(总分 50 分)

任务二 轿车车身结构及零部件的认知

 任务目标

知识目标	技能目标	素养目标
1. 了解轿车车身的结构。 2. 掌握轿车车身骨架的组成。 3. 掌握轿车车身零部件的构成及作用。	1. 具有识别轿车车身结构的能力。 2. 具有叙述轿车车身骨架组成的能力。 3. 具有叙述轿车车身零部件构成的能力。	1. 培养认真学习的好习惯。 2. 培养分析问题、解决问题的思维。 3. 培养严谨的工作作风。

任务描述

现有一辆大型事故轿车,需要进行维修前损坏结构及零部件鉴定及统计。请按照轿车车身结构组成统计出车身前部具体零部件名称,如图 2-7 所示。

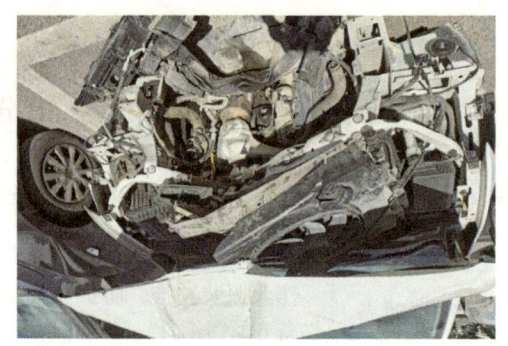

图 2-7 事故车辆前部损坏

 知识储备

一、车身结构组成

目前绝大部分轿车车身均为承载式车身。一般车身由车身前部、车身侧围、车门、顶盖、行李舱和底板构成。

1. 车身前部

车身的发动机舱等部位称之为车身前部,主要包括发动机舱盖、前翼子板、前轮罩、前围、前纵梁、前保险杠梁等。

车身前部承受比较大的集中力,如动力总成、散热器、前悬架等的支撑力,这些力主要由底架的前纵梁支撑,并且传到整个车身前部。受到高速撞击时,车头首当其冲,车身前部应具有有效吸收冲击能量的作用。

2. 车身侧围

车身侧围是车身的侧部,与车身前部、车身顶盖、底板和行李舱相连接。在车辆行驶过程中,侧围承担来自底板传来的各种载荷,将之分散到车身的上部,防止车身前后、左右方向的扭曲,并支撑车门,保证驾驶室的密封性能和最大可能地为驾驶人提供最佳的驾驶视野。

在车身受到碰撞或翻车时,车身侧围可最大限度地保证乘员空间的完整,确保人员不受损伤。

车身侧围部件由前立柱(A柱)、门槛、中立柱(B柱)、后侧围、C柱及其各个部位的加强板组成,如图 2-8 所示。

3. 车门

车门由车门内板和外板组成,如图 2-9 所示。在内外板间装有车窗玻璃升降器,车门上安装有门锁,车门内板安装有内护板等总成。

图 2-8 车身侧围结构

4. 顶盖

顶盖由整块钢板冲压而成，如图 2-10 所示，在顶盖的两侧、前后及其中部设有加强板。目前很多轿车在顶盖安装有活动天窗。在顶盖内部粘接有隔热、减振板。

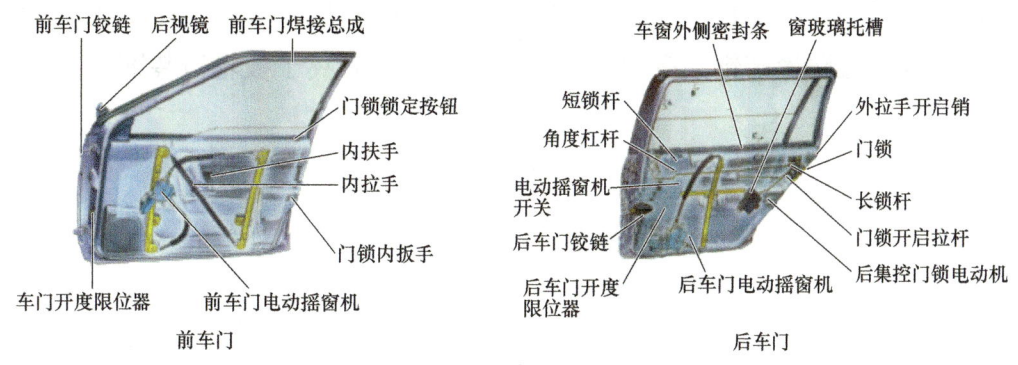

图 2-9　车门结构

5. 行李舱

行李舱由行李舱盖、车身底板、后排座椅托板、后轮罩和后侧围翼子板等构成，如图 2-11 所示。

图 2-10　顶盖

图 2-11　行李舱

6. 底板

承载式车身底板需要安装底盘传动系统、驱动装置等一系列总成机构，具有连接、承重、隔声、防振等作用，对其上部构件的刚性、工作性能有较大的影响。它由前底板、中底板、后底板、前后纵梁和侧边梁等一系列部件焊接组合而成。

二、车身组成零部件认知

汽车车身由许多轮廓尺寸较大且具有空间曲面形状的零部件焊接、组装而成，因此对零部件的尺寸精度和表面质量有较高要求。车身零部件要求表面平滑、菱线清晰，不允许有皱纹、划伤、拉毛等表面缺陷，此外还要求具有足够的刚性和尺寸稳定性。下面来认识车身零部件。

1. 前保险杠

前保险杠位于车辆的最前端，是车身外部装饰体，一般由非金属面罩与金属加强筋相连而成,起到装饰、防护作用,应用于所有车辆车身。典型前保险杠结构如图 2-12 所示。

2. 前翼子板

如图 2-13 所示,普通轿车的前翼子板主要由前翼子板外板、前翼子板内板、翼子板衬板及翼子板防擦装饰条等组成,部分轿车还装有翼子板轮口装饰条。

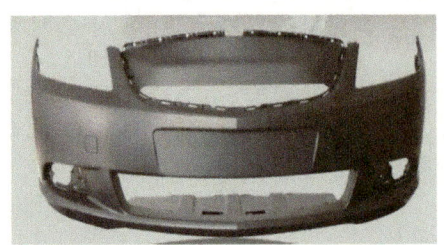

图 2-12 前保险杠

图 2-13 前翼子板与发动机罩

3. 发动机罩

发动机罩位于车辆前上部,是发动机舱的维护盖板。轿车的发动机罩主要由发动机罩、发动机罩隔热垫、发动机罩铰链、发动机罩支撑杆、发动机罩锁、发动机罩锁开启拉索、发动机罩密封条等组成。

4. 立柱、门槛板、底板

立柱、门槛板是构成车身侧框架的钣金结构件,如图 2-14 所示,是车身非常重要的支撑件。轿车、吉普车等车型的侧框架一般由前、中、后门框及门槛、门楣等构成一个框架结构,用来固定车门、支撑顶篷、固附车身蒙皮等。

5. 车顶

车顶是指车身车厢顶部的盖板,其上可装备天窗、换气窗或天线等,如图 2-15 所示。车顶主要由车顶板、车顶内衬、横梁(可能有前横梁后横梁、加强肋等),有的车型装备有车顶行李架。

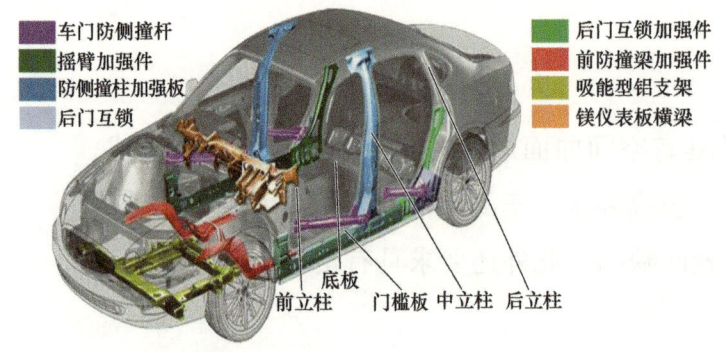

图 2-14 立柱、门槛板、底板等

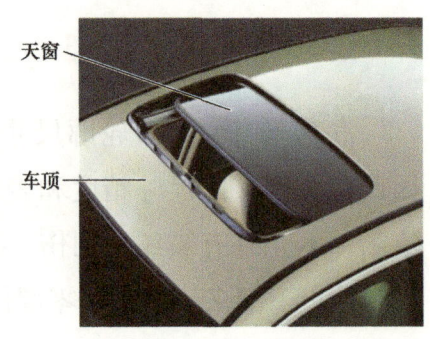

图 2-15 车顶

6. 车门

车门及附件主要包括车门板（车门外板和车门内板）、车门内饰板、车门密封条、车门铰链（一般包括车门上铰链、下铰链）、车门锁总成等。

7. 行李舱和行李舱盖

轿车的行李舱盖主要由行李舱盖板、行李舱盖衬板、行李舱铰链、行李舱支撑、行李舱密封条、锁总成等组成，部分轿车的行李舱盖带有扰流板、车型品牌标识等。

8. 后侧板

后侧板是指后门框以后的遮盖后车轮及后侧车身的车身。后侧板主要包括后侧板外板、后侧板内板、后立柱、侧板内饰板及轮罩板等。

9. 后保险杠

后保险杠位于车辆车身的尾部，起到装饰、防护车辆后部零部件的作用。

任务实施

一、任务准备

任务所需的资料、设备、工具见表 2-3。

表 2-3　任务所需的资料、设备、工具

项目	内容
安全防护用品	工作服、工作帽、护目镜、耳塞、棉丝手套、劳保鞋
设备及耗材	轿车车身图 1 幅或车身 PPT
场地	钣喷实训中心

二、实训操作

1）穿工作服、劳保鞋、戴工作帽、戴棉丝手套。

2）根据图 2-16 简述车身结构及零部件组成。

图 2-16　车身结构及零部件组成

三、学习任务作业单

<u>轿车车身结构及零部件的认知</u>　任务作业单

班级：＿＿＿＿　姓名：＿＿＿＿　学号：＿＿＿＿　成绩：＿＿＿＿

根据下图写出汽车零部件名称。

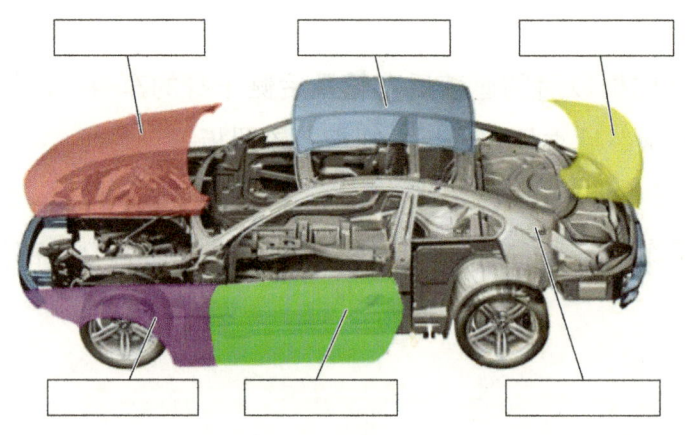

一般车身由＿＿＿＿＿＿、＿＿＿＿＿＿、＿＿＿＿＿＿、＿＿＿＿＿＿、＿＿＿＿＿＿、＿＿＿＿＿＿6个部分构成。

汽车车身外形是由＿＿＿等具体的覆盖零部件组成。

评价总结

1. 小组评价

小组评价表见表2-4，总分50分。

表2-4　小组评价表

操作项目	考核内容	评分标准	配分	扣分	得分
考核前准备	作业服装整齐，防护齐备，一次性备齐所需工具	根据情况酌情扣分	5分		
操作步骤	1. 个人安全防护 2. 操作流程规范、合理 3. 车身结构阐述清楚、熟练。 4. 记录结果	项目未做不得分，操作方法不当扣2分	25分		
文明操作	操作有序、规范	根据情况酌情扣分	5分		
安全操作	无机具、人身事故	根据情况酌情扣分	10分		
7S管理	整理工具、清洁场地	根据情况酌情扣分	5分		

2. 教师总体评价（总分 50 分）

项目习题

一、判断题

1. 车架式车身由车架来承受大部分载荷。（   ）
2. 非承载式车身不承受汽车载荷。（   ）
3. 车身结构主要分为车架式和整体式两种。（   ）
4. 车架是汽车的基础，车身和主要部件都焊接在车架上。（   ）
5. 整体式车身的门槛板是车身上的装饰件。（   ）
6. 承载式车身承受汽车载荷。（   ）
7. 半承载式车身本体与底架以焊接或螺栓刚性连接。（   ）
8. 整体式前车身制造精确并具有极高的强度。（   ）
9. 行李舱盖的构造类似于发动机罩，由外板、内板和加强梁组成。（   ）
10. 后保险杠位于车辆车身的尾部，起到装饰、防护车辆后部零部件的作用。（   ）

二、选择题

1. （   ）不是车身的结构性部件。
   A. 前立柱　　　　　　B. 后纵梁　　　　　　C. 后侧围板
2. 车架式车身在碰撞时主要由（   ）吸收能量。
   A. 主车身　　　　　　B. 车架　　　　　　　C. 梁
3. 目前货车上使用的车架是（   ）。
   A. 梯形车架　　　　　B. X 形车架　　　　　C. 框式车架
4. 大部分的轿车采用（   ）车身结构。
   A. 承载式　　　　　　B. 半承载式　　　　　C. 非承载式
5. 汽车车身按照用途分为客车车身和（   ）。
   A. 货车车身　　　　　B. 轿车车身　　　　　C. 越野车车身
6. 汽车车身按受力情况分类分为承载式、非承载式和（   ）。
   A. 整体式　　　　　　B. 半承载式　　　　　C. 车架式
7. （   ）是整体式车身前车身的部件。
   A. 门槛板　　　　　　B. 前纵梁　　　　　　C. 中立柱

项目三　认知车身材料

项目描述

随着社会经济的发展，我国汽车的拥有量越来越大，汽车噪声、尾气的排放等对环境造成了较大的影响。随着现代汽车技术的发展，汽车新技术、新材料应运而生，各种材料在汽车上被广泛使用。汽车车身是汽车重要的组成部分，汽车车身零部件由各种材料加工制造而成，并且对材料的要求越来越高。可以说材料是汽车的基础，它可在一定程度上减少汽车噪声及尾气等对环境的影响。本项目主要围绕汽车常用材料进行学习。汽车车身的常用材料分为金属材料和非金属材料。

任务目标

知识目标	技能目标	素养目标
1. 了解车身常用金属材料的种类。 2. 了解常用金属材料的特点及性质。 3. 掌握常用金属材料的修复特点。	1. 具有识别车身金属材料的能力。 2. 具有叙述金属材料特点及性质的能力。 3. 具有叙述金属材料修复特点的能力。	1. 培养理论联系实际、独立思考的思维。 2. 培养分析问题解决问题的思维。 3. 培养严谨的工作作风。

任务描述

金属材料是目前汽车上应用最为广泛的工程材料，是汽车应用材料的主体。一般汽车车身上有哪些金属材料呢？都应用在车身上的哪些部位？

知识储备

金属材料来源广，价格相对便宜，品种多，性能各异，可以满足汽车各种零部件的加工和使用要求。车身材料要满足车身设计要求，即满足强度、刚度、可焊性、耐腐蚀性、易加工成形等要求。车身上常见的金属材料如图3-1所示。

图3-1 车身上常见的金属材料

一、车身常用金属材料的种类

金属材料分为黑色金属材料和有色金属材料，黑色金属材料是指铁和铁基合成材料，即钢铁材料，有色金属材料指除铁基合成材料以外的所有金属及其合金材料，又称非铁合金（如铝、镁等材料）。

1. 钢的分类

（1）按品质分类　可分为普通钢、优质钢和高级优质钢。

（2）按化学成分分类　可分为碳素钢和合金钢。

碳素钢即碳的质量分数<2.11%的铁碳合金，碳素钢分为低碳钢（碳的质量分数<0.25%）、中碳钢（0.25%<碳的质量分数<0.6%）、高碳钢（碳的质量分数>0.6%）。

合金钢即在碳素钢里加入一定数量的合金元素而形成的合金，合金钢分为低合金钢（合金元素质量分数≤5%）、中合金钢（5%<合金元素质量分数<10%）、高合金钢（合金元素质量分数>10%）。

（3）按用途分类　可分为碳素结构钢和碳素工具钢。根据碳的质量分数、热处理方法和用途的不同，碳素结构钢分为渗碳钢、调质钢和弹簧钢。

（4）按炼钢的脱氧程度分类　可分为为沸腾钢、镇静钢和半镇静钢。

2. 铸铁的分类

铸铁是一种铁碳合金，具有良好的铸造性、切削加工性和减振性等优良性能，是汽车广泛运用的一种材料。

1）根据含碳形式的不同，铸铁分为白口铸铁、灰口铸铁和麻口铸铁。

2）根据石墨形状的不同，铸铁分为灰铸铁、球墨铸铁、可锻铸铁、蠕墨铸铁和合金铸铁。

二、金属材料在车身上的应用

1. 车身钢板

（1）热轧钢板　热轧钢板是在800℃以上的高温下轧制的，它的厚度在1.6~1.8mm

之间，主要用于汽车上一些较厚的零部件，如制造车架、骨架、梁、底盘零部件等。

（2）**冷轧钢板** 冷轧钢板是由热轧钢板经过酸洗后冷轧变薄，再经过退火处理得到的，它的厚度一般在 0.4~1.4mm 之间，并且厚度精度高、表面的质量好，有良好的可压缩性和焊接性能。大多数整体式车身都采用冷轧钢板制成。

（3）**低碳钢** 低碳钢为碳的质量分数小于 0.25% 的碳素钢，因其强度低、硬度低而软，故又称软钢。它包括大部分普通碳素结构钢和一部分优质碳素结构钢，可不经热处理用于工程结构件，有的经渗碳和其他热处理后用于要求耐磨的机械零部件，其强度和硬度较低，塑性和韧性较好，因此，其冷成形性良好，可采用卷边、折弯、冲压等方法进行冷成形。这种钢还具有良好的焊接性和切割性，但低碳钢容易变形，所以需要较厚的板件才能达到足够的强度，会导致汽车质量增大。

（4）**高强度钢** 高强度钢泛指强度高于低碳钢的各种类型的钢，一般强度为 200MPa 以上。现在的整体式车身要求前部能承受比较大的载荷，并能较好地吸收汽车碰撞的能量，高强度钢的属性特点刚好符合这两方面的要求，因此，整体式车身大都采用高强度钢。车身上常用的高强度钢和超高强度钢的类型见表 3-1。

表 3-1　车身上常用的高强度钢和超高强度钢的类型

名称	应用	性能特点	图片
双相钢（DP 钢）	DP 钢广泛应用于汽车的边梁、侧面构件、横梁、支柱、底盘加强件、燃油箱支架及车体的结构件、加强件和防撞件	具有低屈强比、高伸长率及初始硬化速率快的特性	
复相钢（CP 钢）	底盘悬挂件、B 柱、保险杠、座椅滑轨等	晶粒细小，抗拉强度较高；与同级别抗拉强度的双相钢相比，其屈服强度明显高很多；具有良好的弯曲性能、高扩孔性能、高能量吸收能力和优良的翻边成形性	
相变诱导塑性钢（TRIP 钢）	结构相对复杂的零部件，如 B 柱加强板、前纵梁等	TRIP 钢具有高碰撞吸收能、高强度塑性积和高应变硬化指数（n）值的特点	
马氏体钢（MS 钢）	如保险杠、门槛加强板和侧门内的防撞杆等	屈强比高，抗拉强度高，延伸率相对较低，需要注意延迟开裂的倾向；具有高碰撞吸收能、高强度塑性积和高 n 值的特点	

(续)

名称	应用	性能特点	图片
淬火延性钢（QP钢）	适用于形状较为复杂的汽车安全件和结构件，如A柱、B柱加强件等	以马氏体为基体相，利用残余奥氏体在变形过程中的TRIP效应，能实现较高的加工硬化能力，因此比同级别超高强钢拥有更高的塑性和成形性	
孪晶诱发塑性钢（TWIP钢）	适用于对材料拉延和胀形性能要求很高的零部件，例如复杂形状的汽车安全件和结构件	TWIP钢具有超高强度和超高塑性，强塑积可达50GPa%以上	
硼钢（PH钢或B钢）	安全结构件，如前保险杠、后保险杠、A柱、B柱、中通道等	超高强度（抗拉强度达1500MPa以上），有效提高碰撞性能，车身轻量化；零部件形状复杂，成形性好；尺寸精度高	

现代的车身外部覆盖件一般采用低碳钢或强度比较低的高强度钢制造，但车身的结构件都采用高强度钢和超高强度钢来制造。各种高强度钢制成的部件在现代车身上的应用情况如图3-2所示。

（5）特殊处理钢

1）防锈钢板：防锈钢板表面有一层镀层。镀层有3种形式，分别是镀锌、镀铝和镀锡，其中镀锌和镀铝的钢板容易腐蚀，镀锡的钢板不易被腐蚀，镀锌钢板对碱性环境的防腐蚀性能要好于酸性环境，一般用于车身钢板，而镀铝钢板对酸性环境的

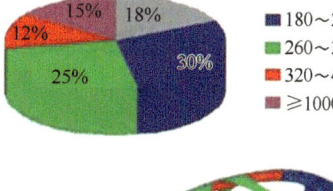

图3-2 各种高强度钢制成的部件在现代车身上的应用情况

防腐蚀性能要好于碱性环境，一般用于排气管护板，镀锡钢板则用于燃油箱。

在车身中应用最广泛的是镀锌钢板，由于钢板的表面有锌，空气不能直接和钢板接触，当有腐蚀情况时，镀锌层会先被腐蚀，在表面形成一层薄薄的锈层而保护钢板不被腐蚀。镀锌钢板分为单面镀锌和双面镀锌两种，双面镀锌常用在汽车上、下部板件，因为这些部位常接触易腐蚀物质，需要重点保护。

2）不锈钢板：不锈钢板是一种铬、镍合金碳钢，在车身上主要用于一些高级汽车的外饰部件。

3）夹层制振钢板：夹层制振钢板在其表面或中间覆有塑胶，有较好的吸收振动

效果，一般用于下隔板或乘坐室隔板。夹层制振钢板的原理如图3-3所示。

2. 铝合金在车身上的应用

铝合金是以铝为基的合金总称，主要合金元素有铜、硅、镁、锌、锰等。铝有轻金属之称，由于其质量小，应用在汽车上可减小汽车质量，从而提高汽车的燃油效率。车身板件用铝合金的质量约为用钢板时质量的三分之一，却具有和钢板同样的强度。铝合金比强度高，有很好的挤压性能，能得到复杂的构件；铝合金吸能性好，碰撞安全性优势明显，所以成为汽车轻型化的首选材料。铝合金在部分车身上的应用见表3-2。铝及铝合金在奥迪车身上的应用，如图3-4所示。

图3-3 夹层制振钢板的原理

表3-2 铝合金在部分车身上的应用

年份	厂家	车型	使用部位
1982	奥迪	Audi Sport quattro	车门里板、车门窗框
1984	马自达	Rx7	发动机罩
1991	本田	NSX	全铝车身
1995	奥迪	Audi A2	全铝车身
2004	宝马	宝马5系	减振器支座，横梁
2019	奥迪	Audi A8	全铝车身

图3-4 铝及铝合金在奥迪车身上的应用

（1）铝合金的分类　铝合金的分类如下。

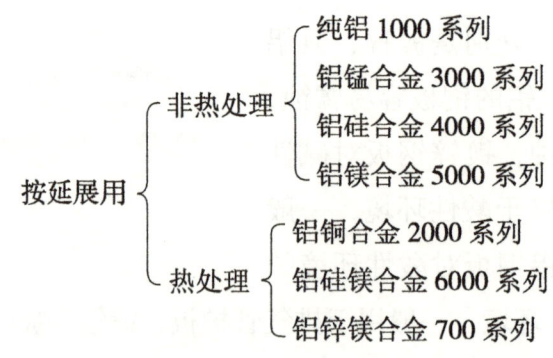

（2）铝的特性

1）密度小，材质轻：其密度为2.7g/cm³，同等体积的铝材质量约为同等体积钢材的三分之一。

2）耐腐蚀性好且板材厚：铝板的厚度通常比钢板厚，其抗腐蚀性能力较强，不易生锈，当裸露的金属铝遇到空气时，其表面会形成一层薄薄的氧化膜（其实质是氧化铝。在焊接操作时需要先除掉这层氧化物，否则焊缝会存在气孔和杂质等缺陷），这层氧化膜可起到自我保护的作用，避免被进一步腐蚀。

3）强度低：车身上的铝板强度与钢板相比其强度较低，但铝件具有一定的韧性，在发生碰撞时具有良好的吸能作用，是制造车身变形区的理想材料。

4）熔点低：铝的熔点较低，其熔点为660℃，受热后容易产生变形，这样在焊接及热收缩作业时将有一定难度。

5）无磁性、材质软：铝件没有磁性，其材质较软，容易被划伤。

6）导热和导电性好：铝合金的导热性约为钢材的3倍，并且导电性较好，本身不会被磁化。

7）铸造性、切割性较好：由于其熔化温度低、材质软，所以易成形复杂的形状和易切割。

三、车身材料的性质

为了能正确地加工和合理选用金属材料，必须要了解和掌握金属材料的使用性能和工艺性能，其使用性能包括力学性能、物理性能和化学性能三方面。

1. 力学性能

力学性能包括强度、塑性、硬度、韧性、疲劳强度等。

（1）强度　指金属材料在静载荷的作用下，抵抗变形（抗拉、抗压、抗弯、抗扭、抗剪）和破坏的能力，材料强度越大，可承受的载荷越大。

（2）塑性　指金属材料在断裂前产生永久变形而不被破坏的能力。当钢板被用力弯曲后，它会按原始形状回复一些，但又保持弯曲状态，这种情况称为塑性变形。汽车车身上许多部件都利用了钢材的塑性原理，如翼子板，发动机舱盖等。

（3）硬度　指材料抵抗其他硬物压入其表面的能力。它是金属材料重要性能的指标之一，一般硬度越高，其耐磨性越好，能承受外力越大。硬度分为布氏硬度（HB）、洛氏硬度（HR）、维氏硬度（HV）和显微硬度（HL）4种。汽车板料的硬度常用布氏硬度、洛氏硬度两种方法表示。

（4）韧性　指金属材料抵抗冲击载荷作用而不被破坏的能力，可用来衡量金属材料抵抗冲击载荷的能力。

（5）疲劳强度　是指材料受无限多次交变载荷作用而不会产生破坏的最大应力。

2. 金属的物理、化学性能

金属的物理、化学性能主要包括密度、熔点、导电性、导热性、耐磨性、耐酸性、耐碱性、抗氧化性等。

四、钢的热处理

热处理是改善金属材料使用性能和工艺性能的一种非常重要的工艺方法，它是强化金属材料，提高产品质量和使用寿命的主要途径之一。钢铁的热处理是以调整加热温度和冷却速率来控制的，即将钢在固态下通过加热、保温和不同的冷却方式来改变金属内部组织结构。其工艺曲线如图3-5所示。

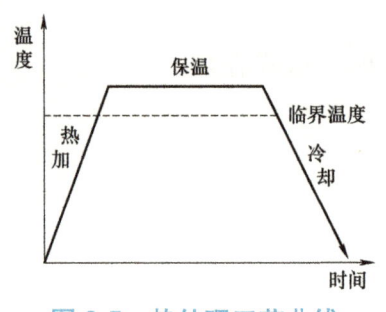

图3-5 热处理工艺曲线

1. 加热对金属的影响

（1）加热对低碳钢性能的影响　对低碳钢进行加热时，随着温度的升高，其强度和刚度会随着下降；停止加热后温度下降到常温，它的强度恢复到原来的程度。对于低碳钢钢板的修理来讲，加热操作不会降低其原有的强度。

（2）加热对高强度钢性能的影响　对高强度钢进行加热时，随着温度的升高，高强度钢内部的金属晶粒会发生改变，由原来比较小的晶粒互相融合、吸收而变成大晶粒，金属晶粒之间的作用力会随着晶粒的变大而减小；当加热后的高强度钢恢复到常温后，它内部的晶粒不能够恢复到原来的小晶粒状态，所以高强度钢经过过度加热再冷却后，强度会下降。

（3）加热后修理对车辆的损害　维修车辆时应尽量避免加热（尤其是车架、大梁），其原因是加热会损坏表面镀锌层、降低防锈能力，使钢板易被腐蚀，且改变钢板的强度或厚度。

（4）钢板颜色和温度的关系　对钢铁加热时，其颜色会随温度的变化而变化。当温度加热到600℃时，人的肉眼才可观察到颜色的变化，其变化见表3-3。

表3-3　钢板颜色和温度的关系

温度/℃	600	700	800	900	1000	1100	1200	1300
颜色变化	暗红	红色	淡红	橘红	黄色	淡黄	白色	亮白

2. 钢的热处理

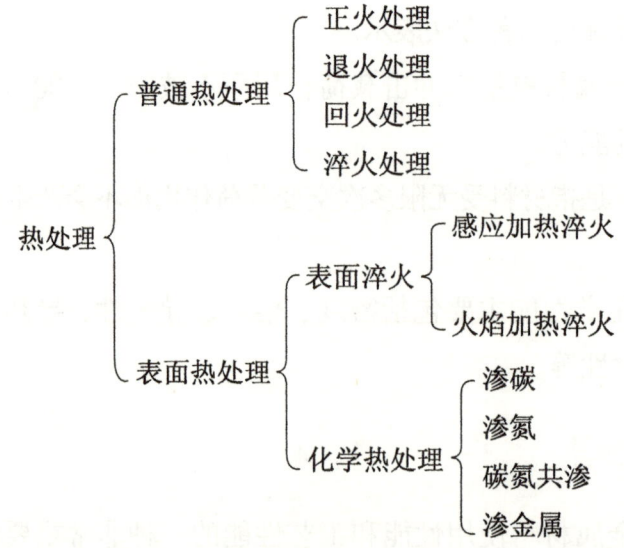

1）正火处理：是将钢铁加热到850℃后，以空气冷却的一种热处理。正火处理可用来强化钢铁内部结构，改善其力学性能。

2）退火处理：是将钢加热到高于或低于临界温度，保温一段时间后，然后慢慢冷却（如随炉或埋入导热性能较差的介质中）的一种热处理。退火处理可根据加热温度和冷却方式的不同而获得不同的结果，当加热温度在150~600℃时，可消除材料在机械加工时所产生的内应力；当加热温度在600~700℃时，可降低板件硬度，使其柔软化，便于切割；当加热温度在800℃以上时，其内部组织发生改变。

3）淬火处理：是将碳的质量分数为0.4%的钢铁加热到850℃后，急速冷却的一种热处理。淬火可增加其硬度，但同时增加了板材的脆性。

4）回火处理：是将淬火处理过的材料再次加热到200℃，然后冷却的一种热处理方法，其目的是增加材料的韧性。

任务实施

一、任务准备

任务所需的设备、工具、量具及安全防护用品见表3-4。

表3-4　任务所需的设备、工具、量具及安全防护用品清单

项目	内容
安全防护用品	工作服、棉丝手套、劳保鞋、毛巾
设备及耗材	各种车身金属材料
场地	钣喷实训中心

二、实训操作

1）安全防护。穿工作服、劳保鞋，戴棉丝手套。

2）分组、认知车身上的不同金属材料，并说出相应金属材料的性能。

3）7S。

三、学习任务作业单

<u>车身常用金属材料的认知</u>　任务作业单

班级：_____　姓名：_____　学号：_____　成绩：_____

1. 钢板加热到暗红色时的温度是_____。

2. 现在整体式车身上应用超高强度钢的部件是_____。

3. 热轧钢板的厚度一般是_____。

4. 现在车身上应用的超高强度钢可以达到_____。

5. 对高强度钢进行加热处理时，加热温度不能超过_____。

6. 正火处理用来强化内部结构，正火处理要把钢材加热到_____℃。

7. 普通热处理分为_____、_____、_____和_____。

8. 金属材料的力学性能有_____、_____、_____、_____、_____等。

评价总结

1. 小组评价

小组评价表见表3-5，总分50分。

表3-5 小组评价表

操作项目	考核内容	评分标准	配分	扣分	得分
考核前准备	场地、设备、工具、量具及防护用品一次性备齐	根据情况酌情扣分	5分		
操作步骤	1. 个人安全防护 2. 金属材料的识别	项目未做不得分，识别不当扣2分	25分		
文明操作	操作有序、规范	根据情况酌情扣分	5分		
安全操作	无设备、人身事故	根据情况酌情扣分	10分		
7S管理	整理工具、清洁场地	根据情况酌情扣分	5分		

2. 教师总体评价（总分50分）

任务二　车身常用非金属材料的认知

任务目标

知识目标	技能目标	素养目标
1. 了解车身常用的非金属材料。 2. 掌握塑料的种类和特性。	1. 具有识别车身非金属材料的能力。 2. 具有叙述非金属材料在汽车上的应用及其特性的能力。	1. 培养理论联系实际、独立思考的思维。 2. 培养分析问题、解决问题的思维。 3. 培养遵守职业规范，负责、严谨、细致的工作作风。

任务描述

非金属材料及复合材料在汽车车身上的应用非常广泛，具有成本低、质量小、经济效益好、安全性高、噪声小等优点，是很多金属材料所不及的。那现代汽车上有哪些非金属材料呢？

知识储备

汽车车身上非金属材料是多种多样的，其中常见的非金属材料有塑料、橡胶、玻璃、黏合剂、复合材料和陶瓷等。

一、塑料在汽车上的应用

塑料是以合成树脂为基体并加入某些添加剂制成的高分子材料，它在一定温度和压力下可以制作成各种形状。塑料在汽车上的应用既可使汽车轻量化，又可改善汽车的某些性能，如耐磨、防腐减振、降噪声等。

1. 塑料的分类

塑料按其热性能的不同，可分为热塑性塑料和热固性塑料两大类。热塑性塑料是指受热软化、冷却后变硬，可反复多次加热塑制的塑料。这类塑料加工成形比较方便，力学性能较好，但耐热性相对较差，容易变形，常见的有聚乙烯、聚四氟乙烯、聚苯乙烯聚甲醛等。热固性塑料是指经过一次固化后，受热不再软化，只能塑制一次的塑料。这类塑料耐热性好，受压不易变形，但力学性能较差，常用的有环氧树脂、氨基树脂、酚醛树脂等。

2. 塑料的特性

塑料具有许多优良的物理和化学性能，主要有以下几方面。

（1）**质量小**　塑料的密度一般只有 1.0~2.0g/cm³，采用塑料件既可减小整车质量，又可降低油耗。

（2）**化学稳定性好**　一般塑料对酸、碱、盐和有机溶剂都有良好的耐腐蚀性。

（3）**比强度高**　比强度是指单位质量的强度。虽然塑料的强度比金属的要低，但塑料密度小、质量小，以等质量的材料相比，其强度要高。

（4）**电绝缘性好**　大多数塑料有良好的电绝缘性。汽车电器零部件广泛采用塑料作为绝缘体。

（5）**耐磨性较好**　能在半干摩擦甚至无润滑条件下良好地工作。

（6）**吸振性和消声性好**

塑料也有不少缺点，如耐热性较差（一般只能在 100℃ 以下长期工作）、导电性差、易老化和易燃烧等。

二、橡胶在汽车上的应用

橡胶是一种有机高分子材料，有天然橡胶和合成橡胶两大类，汽车上有许多零部件都是用橡胶制造的，如车门窗密封条、轮胎、油封、制动皮碗、缓冲垫等。橡胶还具有以下基本性能。

1）极高的弹性。这是它的独特性能，可作为减振材料，用于制造各种减小冲击和吸收振动的零部件。

2）良好的黏着性。黏着性是指与其他材料黏结成整体而不分离的能力。例如汽车轮胎就是利用橡胶与棉、毛、尼龙等牢固黏结在一起而制成的。

3）良好的热可塑性。橡胶在一定温度下会失去弹性而具有可塑性，当橡胶处于热可塑性状态时，容易加工成各种形状和尺寸的零部件，当外力消除后，仍能保持该变形下的形状和尺寸。

4）良好的绝缘性。大多数橡胶是绝缘体，是制造导线和电缆等的绝缘部分的理想材料。

5）耐寒、耐腐蚀性。

6）橡胶的导热性差，硬度和抗拉强度不高，容易老化。

三、玻璃在汽车上的应用

汽车玻璃是汽车车身附件中必不可少的，主要起到防护作用。汽车玻璃主要有以下 3 类：钢化玻璃、区域钢化玻璃和夹层玻璃。汽车玻璃按所在的位置分为前风窗玻璃、侧窗玻璃、后风窗玻璃和天窗玻璃 4 种。

1. 钢化玻璃

钢化玻璃是将普通玻璃淬火使其内部组织产生一定的内应力，从而使玻璃的强度得到加强。在其受到冲击破碎时，分裂成带钝边的小碎块，对人员不易造成伤害，如图 3-6 所示。

2. 区域钢化玻璃

玻璃在加热炉内加热到接近软化温度，然后迅速送入不同冷却强度的风栅中进行不均匀冷却，使玻璃主视区与周边区产生不同的应力。周边区处于风栅的强风位置，进行全钢化，此位置碎片好，钢化强度高。用这种方法生产的玻璃就是区域化玻璃。它在受到冲击破碎时，其玻璃的裂纹仍可以保持一定的清晰度，保证驾驶人的视野区域不受影响，如图 3-7 所示。

图 3-6　破碎的钢化玻璃

图 3-7　区域钢化玻璃

3. 夹层玻璃

夹层玻璃是由两层或两层以上的玻璃用一层或数层透明的黏结材料黏合而成的玻璃制品。夹层玻璃具有以下特性：

1）高抗冲击强度。受冲击后，脆性的玻璃破碎，但由于它和有弹性的 PVB 相结合，使夹层玻璃具有高的抗穿透能力，仍能保持能见度。

2）黏结力高。玻璃与 PVB 黏结力高，当玻璃破碎后，玻璃碎片仍然粘在 PVB 上不剥落，不易伤人，具有安全性。

3）耐光、耐热、耐湿、耐寒。

四、黏合剂在汽车上的应用

黏合剂在汽车维修中得到广泛应用。黏合剂又称黏结剂，它是将两种材料黏结在一起，或填补零部件裂纹、空洞等缺陷的材料。黏合剂具有较高的黏结强度和良好的耐水、耐油、耐腐蚀、电绝缘等性能。用它来修复零部件具有工艺简单、连接可靠、成本低、不会引起零部件变形和组织发生变化等优点。汽车修理用的黏合剂主要有以下几种：

1. 环氧树脂黏合剂

环氧树脂黏合剂是一种有机黏合剂，它的用途很广，适合黏结各种金属材料和非金属材料。环氧树脂黏合剂以环氧树脂及固化剂为主，再加入增韧剂、稀释剂、填料和促进剂等配制而成。

2. 酚醛树脂黏合剂

酚醛树脂黏合剂是一种有机黏合剂，它的基本成分是酚醛树脂。酚醛树脂黏合剂具有较高的黏结强度、耐热性好，在200℃以下可长期工作，但其脆性大，不耐冲击。

酚醛树脂黏合剂可以单独使用，也可以与其他树脂或橡胶混合使用。它与环氧树脂混合使用时，其用量为环氧树脂的30%~40%，且要加增韧剂和填料。为了加速固化，可加入5%~6%的乙二胺，这样既改善了耐热性又提高了韧性。例如204黏合剂是酚醛树脂与缩甲醛组成的黏合剂。

五、复合材料在汽车上的应用

复合材料是由两种或两种以上化学、物理性质不同的材料组成，用人工方法制成的，其性能优于各组分单独存在时的性能，具有协同增强的特点。复合材料在各车型上的应用见表3-6。

表3-6 复合材料在各车型上的应用

序号	车型	应用部件
1	轿车	保险杠、车顶、车门、前脸大框、扰流板、发动机罩盖等外饰件以及车灯反射罩、蓄电池托盘等部件
2	大型豪华车	前围、后围、前保险杠、后保险杠、翼子板、轮护板、裙板、后视镜、仪表板、舱门板等部件
3	中小型客车	前保险杠、后保险杠、硬顶、前照灯反射罩、面罩、电动门总成、三角窗总成、行李舱门总成、后围总成、后扰流板、内顶篷、微型客翼子板等部件
4	重型汽车	散热器面罩、副保险杠、左、右踏板、上导流罩、左、右侧护板、高顶和半高顶驾驶室顶盖、左、右、前、后翼子板等部件

任务实施

一、任务准备

1）实训项目：连续点焊对接焊。
2）任务所需的资料、设备、工具见表3-7。

表 3-7 任务所需的资料、设备、工具清单

项目	内容
安全防护用品	工作服、棉丝手套、劳保鞋、毛巾
设备及耗材	各种车身非金属材料
场地	钣喷实训中心

二、实训操作

1）安全防护。穿工作服、劳保鞋，戴棉丝手套。

2）分组、认知车身上的不同非金属材料，并说出相应非金属材料的性能。

3）7S。

三、学习任务作业单

车身常用非金属材料的认知 任务作业单

班级：_____ 姓名：_____ 学号：_____ 成绩：_____

1. 塑料按其热性能的不同，可分为_____和_____。
2. 塑料具有许多优良的物理和化学性能，主要性能有_____、_____、_____、_____、_____和_____。
3. 汽车玻璃主要有_____、_____、_____3类。
4. 汽车修理用的黏合剂主要有_____、_____等。
5. 橡胶具有_____、_____、_____、_____、_____等基本性能。

评价总结

1. 小组评价

小组评价表见表 3-8，总分 50 分。

表 3-8 小组评价表

操作项目	考核内容	评分标准	配分	扣分	得分
考核前准备	场地、设备、工具、量具及防护用品一次性备齐	根据情况酌情扣分	5分		
操作步骤	1. 个人安全防护 2. 非金属材料的识别	项目未做不得分，操作方法不当扣2分	25分		
文明操作	操作有序、规范	根据情况酌情扣分	5分		
安全操作	无设备、人身事故	根据情况酌情扣分	10分		
7S 管理	整理工具、清洁场地	根据情况酌情扣分	5分		

2. 教师总体评价（总分50分）

项目习题

一、选择题

1. 下列选项不属于铝的特性的是（　　）。

A. 密度小　　　　　　B. 强度高

C. 熔点低　　　　　　D. 耐腐蚀性好

2. 普通的热处理分为退火、正火、淬火和（　　）。

A. 强度　　　　　　　B. 硬度

C. 加工硬化　　　　　D. 回火

3. 钢材按品质分分为普通钢、优质钢和（　　）。

A. 高级优质钢　　　　B. 中碳钢

C. 高碳钢　　　　　　D. 低合金钢

4. 金属材料的使用性能包括力学性能、物理性能和（　　）。

A. 化学性能　　　　　B. 安全性能

C. 导电性能　　　　　D. 腐蚀性能

二、简答题

1. 防锈钢板有哪几种类型？

2. 镀锌钢板防腐蚀的原理是什么？

3. 车身用塑料分几种类型，各有什么特点？

4. 加热对金属的影响是什么？

项目四　认知常用工具及设备

项目描述

你知道我国第一辆轿车的车身是怎样生产的吗？它是依靠我们的一汽红旗人使用手工工具整形生产出来的，由此可见常用工具及设备在车身修复领域的重要性。

现有一事故车辆的B柱受损严重，客户要求进行板件更换修补与修复，你能简单介绍需要使用到哪些修复工具与设备吗？本项目主要围绕车身修复所用手动工具、动力工具及设备进行认知及简单操作介绍。

任务一　手动工具的认知与操作

任务目标

知识目标	技能目标	素养目标
1. 掌握车身修复所用手动工具的用途。 2. 掌握手动工具的种类及性能。	1. 具有正确使用常用手动工具的能力。 2. 具有保养常用手动工具的能力。	1. 培养爱护工具、量具的良好职业素养。 2. 树立爱国情怀及劳动职业自豪感。

任务描述

现有一辆事故车辆的门板受损严重，如图4-1所示，需要进行修复。在汽车门板维修作业中，需要使用到哪些手动工具呢？

图4-1　受损门板

知识储备

在维修作业中,正确、合理地使用工具既可降低返修率,又可给提升维修质量提供保证。在日常的汽车车身修复作业中,常用的基本工具及手动工具主要有工作台、整形工具、划针、划规等。

1. 工作台

工作台是钣金操作的基础,主要用于在其上平面进行板料画线、下料、敲平及矫正工作。普通钣金工作台没有确定的尺寸标准,常用的工作台面有以下几种规格:600mm×1000mm,800mm×1200mm,1500mm×3000mm。台面高度为650~700 mm(有的平台高度可调)。其材料多为铸铁,背面有加强肋。平板固定在支架上,便形成工作台,如图4-2所示。

2. 整形工具

车身整形修复工具主要包括锤子和衬铁,如图4-3所示。锤子是汽车钣金维修中的基本工具,它的形状很多,作用也不一样,具体有粗修锤、捅锤、拱锤、平头整形锤、鹤嘴锤等;衬铁主要有墩形衬铁、弯形衬铁、扁形衬铁、铲形衬铁等。

(1) **粗修锤** 主要用于钣金件粗修,校正弯曲的基础结构,修平大规格部件和加工未开始用锤子和衬铁作业之前粗成形的车身部件。它既可用于敲击平面,也可以敲击较深的凹陷和边缘拐角,如图4-4所示。

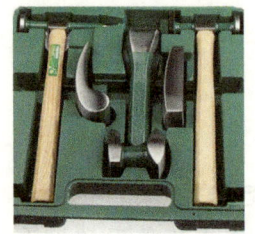

图4-2　钣金工作台　　　　　图4-3　整形工具　　　　　图4-4　粗修锤

(2) **捅锤** 主要用于直捅敲击弧形构件,也可以横击,还可以当撬具和垫铁使用,如图4-5所示。

(3) **拱锤** 主要用于圆弧形工件的整形和制作,如整修或配制小型车的轴端盖等,图4-6所示。

(4) **平头整形锤** 主要用于修整箱型角等部位,如图4-7所示。

(5) **鹤嘴锤** 主要用于消除工件表面的小凹坑,如图4-8所示。

(6) **其他形式锤子** 根据锤击需要,锤头可以用任何材料做成,如橡胶锤、木槌、铁锤等。不同材质的锤头如图4-9所示。

图 4-5　捅锤

图 4-6　拱锤

图 4-7　平头整形锤

图 4-8　鹤嘴锤

衬铁是一种手持的铁砧，与锤子配合进行钣金修理作业，也称为垫铁或顶铁。它通常顶在锤敲击金属板的背面，与锤子一起作业使凸起的部位下降，或使低凹部位上升。不同形状的衬铁如图 4-10 所示。

图 4-9　不同材质的锤头

图 4-10　不同形状的衬铁

3. 锉刀

锉刀是用于手工锉削的工具，由锉刀和锉刀手柄组成，如图 4-11 所示主要用来对金属、木料、皮革等工件表面层进行微量加工。锉削的最高精度可达 0.01mm，表面粗糙度可达 1.6~0.8μm。锉削加工范围包括平面、台阶面、角度、曲面、沟槽和各种复杂的表面等。在汽车钣金件修复中，使用锤子、衬铁等钣金工具修复作业后，如果在钣金件表面留下凹凸不平的痕迹，可用锉刀来修整这些痕迹至平整。

图 4-11　锉刀

4. 修复拉伸工具

对于实车，钣金件大多是密封型钣金件，车身钣金件的凹陷，大多只可采用凹坑拉拔器或拉杆进行修理。此时需在表面焊接介子进行拉伸修复。拉拔器顶端呈三角尖端形式或呈钩状形式。三角尖拉拔器通过焊接在拉拔点实现拉伸修复。三角尖拉拔器，如图 4-12 所示。弯钩拉拔器的使用方法是将拉杆的弯钩插入所钻的孔或焊接介子，钩住凹坑两侧向外提拉，在拉拔过程中视具体情况在周围轻轻捶击，将凹坑拉起。弯钩拉拔器如图 4-13 所示。

对于较薄的蒙皮可使用钣金吸盘即时修复凹坑，如图 4-14 所示。

图 4-12　三角尖拉拔器

图 4-13　弯钩拉拔器

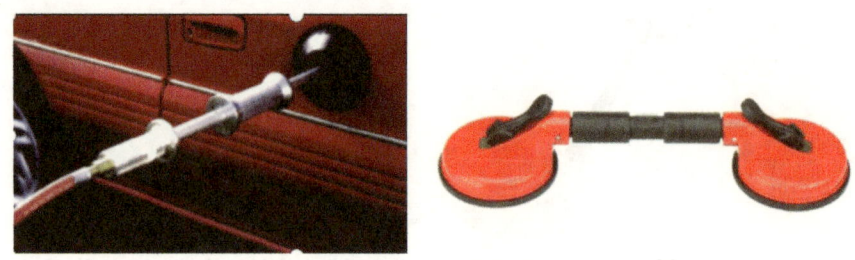

图 4-14 钣金吸盘

5. 划针及划规

划针是用来在板料上划线的基本工具，一般由中碳钢或高碳钢制成，如图 4-15 所示。为了能使其在板料上划出清晰的标记线，划针尖端非常锐利，尖端角度一般在 15°~20° 之间，且具有耐磨性。

汽车钣金划规也称为圆规、划卡、划线规等，它在钳工画线工作中可以画圆和圆弧、等分线、等分角度以及量取尺寸等，是用来确定轴及孔的中心位置、画平行线的基本工具，如图 4-16 所示。常用的划规有普通划规、扇形划规、弹簧划规和长划规。

6. 钣金辅助工具

汽车修理作业中的常用手工工具除了以上介绍主要工具外，还有一些常用钣金辅助工具，如扳手、剪刀等，如图 4-17 所示。

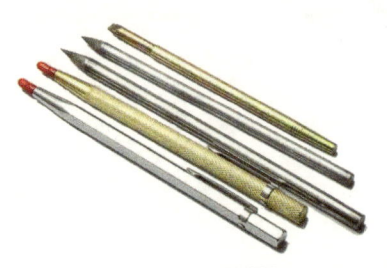

图 4-15 划针

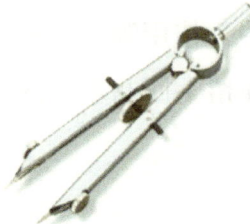

图 4-16 划规

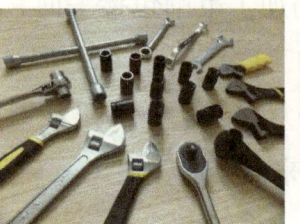
a) 各类扳手

b) 钣金剪刀

图 4-17 钣金辅助工具

7. 钳子

汽车钣金用钳子主要有尖嘴钳、鲤鱼钳、剪线钳和大力钳，多用于切断金属丝、夹持或弯曲小零部件，如图 4-18 所示。

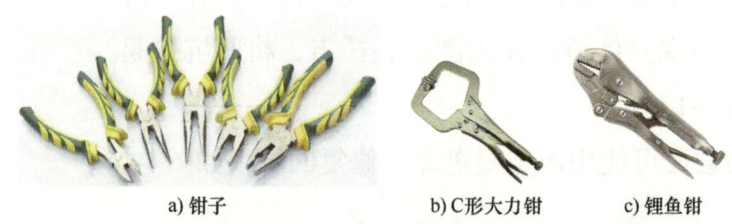

a) 钳子　　　　b) C 形大力钳　　　c) 鲤鱼钳

图 4-18 钣金用钳子

8. 拆装内饰工具

拆装内饰工具包括多规格内饰撬板、内饰撬棍、卡扣钳、螺钉旋具等。内饰撬板，如图 4-19 所示，主要适用于塑料材料等内饰的拆装；卡扣钳如图 4-20 所示，用于拆除塑料卡扣；螺钉旋具如图 4-21 所示，用于拆除门板固定螺钉。

图 4-19　内饰撬板

图 4-20　卡扣钳

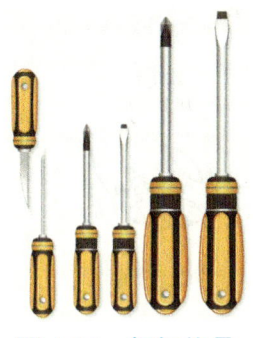

图 4-21　螺钉旋具

任务实施

一、任务准备

任务所需的资料、设备、工具及安全防护用品见表 4-1。

表 4-1　任务所需的资料、设备、工具及安全防护用品清单

项目	内容
安全防护用品	工作服、工作帽、护目镜、耳塞、棉丝手套、劳保鞋
设备及耗材	门板修复钣金工具 1 套，内饰工具 1 套，螺钉旋具工具 1 套
场地	钣喷实训中心

二、实训操作

1）穿工作服、劳保鞋，戴工作帽、棉丝手套。

2）检查各工具状态。

① 检查套装工具箱内工具是否齐备。

② 检查工具是否完好。

3）各手工工具认识及介绍。

4）锤子及衬铁的配合使用。

① 锤子的使用练习。锤子的正确使用为手腕用力作环形运动，如图 4-22 所示。锤到钣金件上时，锤子平面应与钣金件平面一致，否则会对钣金件产生新的损坏，如图 4-23 所示。

② 衬铁的操作。用锤子配合衬铁修整可分为"正顶"和"偏顶"两种方式。"正顶"是使用衬铁顶住钣金件背面凹陷处。"偏顶"是直接用衬铁抵住背面最大凸起处，如图 4-24 所示。

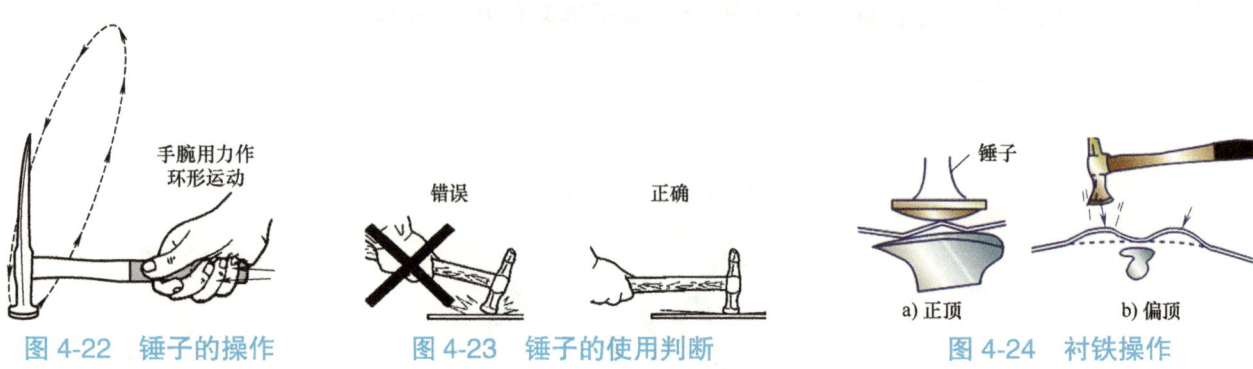

图 4-22　锤子的操作　　　　图 4-23　锤子的使用判断　　　　图 4-24　衬铁操作

三、学习任务作业单

手动工具的认知与操作　任务作业单

班级：_____　姓名：_____　学号：_____　成绩：_____

根据图片所示写出各手动工具的名称。

工具名称：_____，使用范围：_____。

工具名称：_____。

工具名称：_____。

工具名称：_____，锤子的正确使用方法为_____用力作_____运动。

工具名称：_____。
衬铁"正顶"为_____。
衬铁"偏顶"为_____。

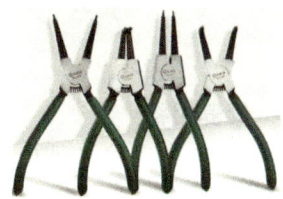

工具名称：_____。

工具名称：_____。

评价总结

1. 小组评价

小组评价表见表 4-2，总分 50 分。

表 4-2　小组评价表

操作项目	考核内容	评分标准	配分	扣分	得分
考核前准备	作业服装整齐，防护齐备，一次性备齐所需工具	根据情况酌情扣分	5 分		
操作步骤	1. 个人安全防护 2. 操作流程规范、合理 3. 工具介绍清楚、熟练使用操作 4. 记录结果	项目未做不得分，操作方法不当扣 2 分	25 分		
文明操作	操作有序、规范	根据情况酌情扣分	5 分		
安全操作	无机具、人身事故	根据情况酌情扣分	10 分		
7S 管理	整理工具、清洁场地	根据情况酌情扣分	5 分		

2. 教师总体评价（总分 50 分）

任务二　动力工具的认知与操作

 任务目标

知识目标	技能目标	素养目标
1. 掌握车身修复使用的气动、电动工具基础知识。 2. 掌握气动、电动工具的安全操作常识。	1. 具有正确地使用车身修复常用气动、电动工具的能力。 2. 具有常规保养气动、电动工具的能力。	1. 培养爱护工具的良好劳动素养。 2. 培养合理、安全使用工具的良好职业素养。

 任务描述

现有一辆事故车辆的门板受损严重，如图4-25所示，需要进行修复。在汽车门板维修作业中，需要使用哪些气动电动工具呢？

知识储备

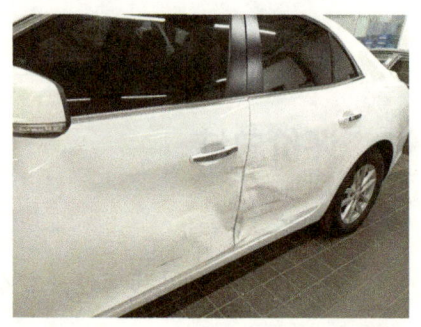

图4-25　受损门板

动力工具通常包括有气动式和电动式两种，正确、合理地使用动力工具是提高维修质量和效率的重要途径。在车身修复作业中常用的动力工具主要有气动打磨机、砂轮机、气动钻等。

1. 气动打磨机

气动打磨机主要用于刮去旧涂层及除锈、去除成品的毛刺、漆面抛光等。常见的气动打磨机有盘式打磨机和带式打磨机两种，如图4-26所示。盘式打磨机分为单动作打磨机和双动作打磨机。单动作打磨机转动时，围绕打磨机的头

a) 盘式打磨机　　　　b) 带式打磨机

图4-26　气动打磨机

部的圆心旋转，转轴在圆心处。双动作打磨机以偏离打磨机头部的圆心作为中心转轴，转动时围绕这个偏心轴进行旋转。

汽车车身修复作业中，带式打磨机主要应用于钣金缝、边角除漆、除锈、除焊点以及死角位置打磨；盘式打磨机主要用于刮去旧涂层、除锈等。盘式打磨机打磨时用的砂轮片粒度有60#、80#和120#等，常用的是80#。

2. 砂轮机

砂轮机的种类很多，有立式砂轮机、台式砂轮机和手持式砂轮机等，如图4-27所示。使用手持式砂轮机时，起动前必须用两手将手柄握紧，防止起动转矩造成砂轮机掉落，确保人身、机具安全。

砂轮机操作注意事项：

1）手持式砂轮机必须安装防护罩，否则不得使用。

a) 立式　　　b) 台式　　　c) 手持式

图4-27　砂轮机类型

2）砂轮机工作时，操作人员不要站在其出屑的方向，防止碎屑飞出伤到眼睛，使用时必须戴防护目镜。

3）磨削薄板构件时，应将砂轮轻轻接触工件，并密切注视磨削部位，以防磨穿车身。

3. 气动锯

气动锯是利用气泵或者气缸中的气源作为驱动力，通过锯条实现锯割作业。由于没有锯弓限制，其切割缝可以无限延长。气动锯具有切割效率高、使用方便、对构件损坏程度小等优点，在汽车车身维修中被广泛应用。它主要由锯体、气管接口、气动开关、锯条等部分组成，如图4-28所示。

图4-28　气动锯

4. 气动钻

气动钻利用压缩空气为动力，是轻便灵巧的小型气动工具，如图4-29所示。它的钻头按照顺时针旋转，具有气动防爆、无火花、安全性能好等特点，被广泛应用于汽车车身修复的钣金件更换作业。

图4-29　气动钻

5. 气动扳手

气动扳手又称风动扳手或风炮，如图4-30所示，它主要利用压缩空气来完成对螺栓、螺母的拧紧与拧松。气动扳手被广泛应用在许多行业，如汽车修理、重型设备维修和产品装配等。在汽车维修作业中，气动扳手主要用于汽车上螺栓、螺母的拧紧与拧松。

图4-30　气动扳手

任务实施

一、任务准备

任务所需的资料、设备、工具及安全防护用品见表4-3。

表 4-3 任务所需的资料、设备、工具及安全防护用品清单

项目	内容
安全防护用品	工作服、工作帽、护目镜、棉丝手套、劳保鞋、毛巾
设备及耗材	盘式打磨机、气动锯、气动钻等
场地	钣喷实训中心

二、实训操作

1）穿工作服、劳保鞋，戴工作帽、棉丝手套。

2）检查各工具状态。

① 检查套装工具箱内工具是否齐备。

② 检查工具是否完好。

3）气动盘式打磨机的规范使用。

① 起始打磨时，将打磨机放在钣金件表面，按下起动开关起动打磨机，打磨机与打磨表面形成 15° 左右的夹角，如图 4-31 所示。在金属受损的边缘先进行打磨。

② 打磨注意事项。

图 4-31 打磨机角度

打磨操作前要穿戴好防护用具。

打磨机转速非常高，使用时一定要牢牢地握持住，以免脱手产生危险。

打磨时的压力以手掌压住打磨机为宜，不要压力过大或过小。

气动打磨机打磨的时候要合理地选用粗细不同的砂纸。

打磨一段时间后，注意零部件的清洁。

三、学习任务作业单

<u>动力工具的认知与操作</u> 任务作业单

班级：_____ **姓名：**_____ **学号：**_____ **成绩：**_____

1. 根据图片所示写出工具的名称_____。

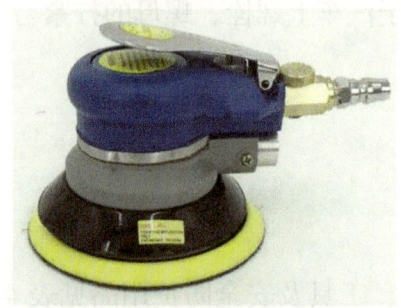

盘式打磨机的操作使用要领：起始打磨时，将打磨机放在_____按下_____起动打磨机，打磨机与_____表面形成_____夹角。

2. 根据图片所示写出工具的名称：_____。

手持式砂轮机必须安装_____，否则不得使用。

砂轮机工作时，操作人员不要站在_____方向，防止碎屑飞出伤到眼睛，使用时必须戴_____。

评价总结

1. 小组评价

小组评价表见表 4-4，总分 50 分。

表 4-4 小组评价表

操作项目	考核内容	评分标准	配分	扣分	得分
考核前准备	作业服装整齐，防护齐备，一次性备齐所需工具	根据情况酌情扣分	5 分		
操作步骤	1. 个人安全防护 2. 操作流程规范、合理 3. 能娴熟认识、介绍工具并能使用 4. 记录结果	项目未做不得分，操作方法不当扣 2 分	25 分		
文明操作	操作有序、规范	根据情况酌情扣分	5 分		
安全操作	无机具、人身事故	根据情况酌情扣分	10 分		
7S 管理	整理工具、清洁场地	根据情况酌情扣分	5 分		

2. 教师总体评价（总分 50 分）

项 目 习 题

一、填空题

1. 根据锤击需要，锤头可以做成各种形状，如_____等。
2. 用衬铁修整可分为"_____"和"_____"两种方式。
3. 气动扳手又称为_____。
4. 气动打磨机主要用于_____、_____、_____。
5. 常见的用于汽车车身修复的气动打磨机有_____和_____两类。
6. 盘式打磨机打磨时用的砂轮片粒度有_____、_____和_____等。
7. 在日常的汽车车身修复作业中，常用的基本工具及手动工具主要有_____、_____、_____等。

二、选择题

1. 塑料撬板主要用于拆装汽车的（　　）。
   A. 发动机舱盖　　　　B. 翼子板　　　　C. 内饰
2. 打磨机与打磨表面形成（　　）左右的夹角为宜。
   A. 60°　　　　B. 45°　　　　C. 15°
3. 对于实车钣金件大多是密封型钣金件，车身钣金件的凹陷，大多只可采用（　　）进行修理。
   A. 凹坑拉拔器或拉杆　　　　B. 锤子　　　　C. 衬铁
4. 用来完成对螺栓、螺母的拧紧与拧松的工具是（　　）。
   A. 钳子　　　　B. 锤子　　　　C. 气动扳手
5. 用于去除钣金件损伤部位旧漆的最佳工具是（　　）。
   A. 盘式打磨机　　　　B. 手持式砂轮机　　　　C. 带式打磨机
6. 用于去除修复钣金件部位边缘毛刺的最佳工具是（　　）。
   A. 盘式打磨机　　　　B. 立式砂轮机　　　　C. 带式打磨机
7. 用于切割受损薄钣金件的最佳工具是（　　）。
   A. 气动钻　　　　B. 气动锯　　　　C. 砂轮机
8. 用于取下受损钣金件的最佳工具是（　　）。
   A. 气动钻　　　　B. 气动锯　　　　C. 砂轮机

项目五　车身损伤分析

项目描述

某汽车 4S 店新进评估人员，在汽车损坏维修评估中对间接损伤未评估到位，导致维修完成后客户不接受维修质量而投诉，最终 4S 店声誉受损并赔偿客户的经济损失。

现有一辆事故车辆的车身受损严重，需要在 4S 店进行维修作业。如何入手进行维修作业呢？首先需要进行车身损伤分析评估，然后逐步进行维修作业修复。

任务一　车身损伤的类型及检查方法的认知

任务目标

知识目标	技能目标	素养目标
1. 掌握车身材料、钣金件损坏类型的基础知识。 2. 掌握车身损伤检查的基本知识。	1. 具有判断车身材料、钣金件损坏类型的能力。 2. 具有检查、评估车身损伤情况的能力。	1. 培养分析问题、解决问题的综合逻辑思维。 2. 培养规范、安全作业的职业素养。

任务描述

现有一辆汽车被送到车间准备大面积的钣金维修，需等待专业钣金维修人员来进行损伤分析评估，确定维修顺序后，才能进行下一步工作。

知识储备

随着人们对汽车安全性、经济性、美观性等要求的提高，在汽车车身上，大量采用高强度钢、超高强度钢等高强度材料，如车顶、立柱、门槛板等。这虽然使安全性能得到了大大提升，但在车身出现损伤修理时对维修工作人员提出了一定的技术难度要求。为了保证车身钣金件修复的整体性质量以及维修恢复到良好状态，减少盲目维修，通常在维修前进行损伤分析及评估是非常必要的。因此，彻底的、精确的损伤分析是高质量修复的基础。

1. 钢材变形的类型

金属板抵抗外力变化的能力可用3种性能来表示：弹性变形、塑性变形和加工硬化。

（1）**弹性变形**　弹性变形是金属受到拉伸后能够恢复到原来的形状的能力，也就是在修理中常见的金属回弹。

（2）**塑性变形**　塑性变形是金属发生弯曲或变成各种形状的能力。当金属的弯曲超过了它的弹性极限时，它将出现回弹的倾向，但去除压力后并不能完全回到原来的形状，会出现塑性变形（永久变形）。产生永久变形的部位周围都会产生弹性变形，在这种情况下的弹性变形无法消除。在修理受到这种类型损伤的车身时，应首先排除永久变形，这种弹性变形会随之消失，使车身恢复到原先的形状。

（3）**加工硬化**　达到塑性变形上限时，金属被弯曲过的部位变得非常硬，这就是加工硬化。受弯曲或加工部位的金属产生硬化而造成强度增大，它实际上是所有金属损伤的根源。在修理时，必须知道哪些部位的金属最硬或最软。

2. 车身钣金件损伤的类型

车身钣金件损伤的类型主要有直接损伤和间接损伤两种类型。

（1）**直接损伤**　直接损伤是引起碰撞的物体与金属钣金件上受到损伤的部位直接接触而造成的，如图5-1所示。它通常以断裂、擦伤和划痕的形式出现，用眼睛即可看到。在所有的损伤中，直接损伤通常只占10%~15%。

图5-1　直接损伤

（2）**间接损伤**　间接损伤是由直接损伤引起的，如图5-2所示。通常在所有的损伤中，大部分都是间接损伤。所有的非直接的损伤都可以看成间接损伤，大多数碰撞都会同时造成这两种损伤，如车身转角漆膜的褶皱、裂纹等都为间接损伤。

可通过目测板件的连接部位，如加固件、盖板、加强筋、连接板上的缝隙，目测零部件的棱角和边缘，以及通过仪器检查车身部件的间隙与配合来鉴定损伤。有些事故直接损伤痕迹虽然很小，但通过车身部件传递至车身内部的能量却很大，从而会引起很大的变形损伤。

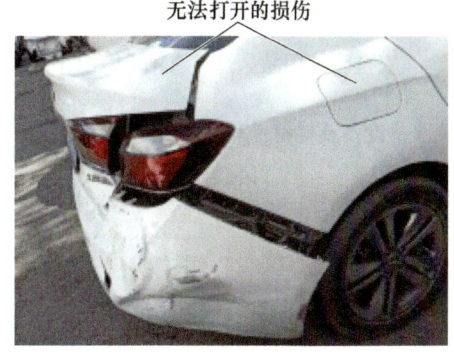

图 5-2　间接损伤

3. 车身损伤程度评估

汽车车身损伤评估是在维修过程中不可缺少的，它会直接影响维修工期、成本、维修范围及工序等。

车身钣金件损伤评估的方法主要有目测评估、触摸评估和直尺评估。

（1）目测评估　目测评估是指评估维修人员使用眼睛观察并结合受损部位结构特征，结合经验推断，评估钣金件受损情况，判断出所需维修钣金件，如图 5-3 所示。这个方法虽然听起来比较简单，但对于新手来说可能会由于经验不足，只找到一些明显损伤，遗漏那些不明显的或者间接的损伤。

（2）触摸评估　触摸评估就是用手在受伤区域或者眼睛不能观察到的区域实施触摸，并根据触摸情况判断钣金件损伤程度的一种损伤评估方法。一般触摸评估和目测评估要配合使用，这样检查出的受伤区域及面积会更准确。如果损伤区域比较容易擦伤手，可以戴上手套，如图 5-4 所示。

（3）直尺评估　直尺评估主要是将直尺放在受损钣金件区域表面，检查凹陷部位与直尺的间隙来确定钣金件受损程度，如图 5-5 所示。

图 5-3　目测评估　　　　　　图 5-4　触摸评估　　　　　　图 5-5　直尺评估

 任务实施

一、任务准备

任务所需的资料、设备、工具及安全防护用品见表 5-1。

表 5-1　任务所需的资料、设备、工具及安全防护用品清单

项目	内容
安全防护用品	工作服、工作帽、棉丝手套
设备及耗材	钢直尺，游标卡尺，直接、间接受损车辆
场地	钣喷实训中心

二、实训操作

1）穿工作服、劳保鞋，戴工作帽、棉丝手套。

2）检查车身钣金件受损零部件。

① 目测检测车身钣金件受损区域及受损部件，如图 5-6 所示。

② 触摸检测、评估车身钣金件受损区域及受损部件，如图 5-7 所示。

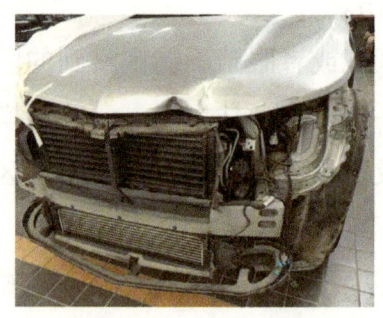 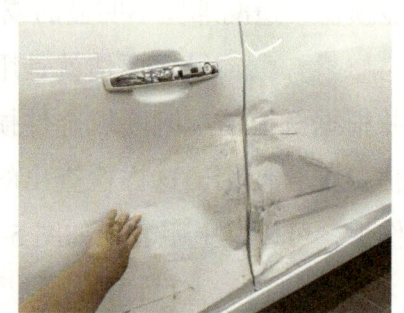

图 5-6　目测检测　　　　　　　　图 5-7　触摸检测

③ 使用游标卡尺测量缝隙，完成间接损伤评估检测，如图 5-8 所示。

图 5-8　缝隙测量

④ 损伤评估完成后，将所有设备、工具参数归零并复位。

⑤ 清洁所有设备及工具、量具，完成 6S。

三、学习任务作业单

<u>车身损伤的类型及检查方法的认知</u>　任务作业单

班级：_____　**姓名：**_____　**学号：**_____　**成绩：**_____

1. 车身损伤评估的 3 种方法是_____、_____和_____。

2. 间接损伤可通过目测检测_____、棱角和_____，还可以通过仪器检测车身部件的_____与_____。

3. 根据受损钣金件材料简述受损类型。

4. 简述直接损伤与间接损伤的区别。

5. 简述弹性变形与塑性变形的区别。

评价总结

1. 小组评价

小组评价表见表 5-2，总分 50 分。

表 5-2　小组评价表

操作项目	考核内容	评分标准	配分	扣分	得分
考核前准备	作业服装整齐，防护齐备，一次性备齐所需工具	根据情况酌情扣分	5 分		
操作步骤	1. 个人安全防护 2. 操作流程规范、合理 3. 直接、间接损伤判断准确 4. 记录结果	项目未做不得分，操作方法不当扣 2 分	25 分		
文明操作	操作有序、规范	根据情况酌情扣分	5 分		
安全操作	无机具、人身事故	根据情况酌情扣分	10 分		
7S 管理	整理工具、清洁场地	根据情况酌情扣分	5 分		

2. 教师总体评价（总分 50 分）

任务二　车身碰撞损伤分析

任务目标

知识目标	技能目标	素养目标
1. 掌握汽车车身碰撞类型的基础知识。 2. 掌握汽车车身碰撞损伤变形的相关知识。 3. 掌握汽车车身碰撞损伤检测的基本知识。	1. 具有分析汽车碰撞损伤情况的能力。 2. 具有检测汽车碰撞损伤的能力。 3. 具有判断汽车碰撞钣金件损伤程度的能力。	1. 培养分析问题、解决问题的综合逻辑思维。 2. 培养勤于思考、求真、务实的良好工作作风。

任务描述

现有一辆发生碰撞损伤的汽车被送到维修车间，如图 5-9 所示。请对该车进行损伤评估，确定维修、检查的零部件，最后进行定损维修。

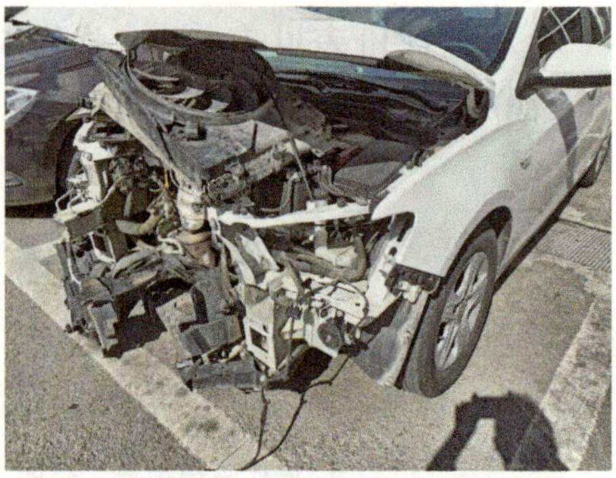

图 5-9　碰撞损伤车辆

知识储备

一、车身碰撞损伤概述

汽车车身不仅能够经受住日常驾驶中的振动及载荷，还要在发生碰撞事故中能给乘员提供安全保护。因此，汽车前部车身和后部车身要把容易损伤并且能够承受一定数量载荷作为设计的重要考量因素，以形成一个能吸收碰撞能量的结构；中部车身要保证设计的结实牢固，给乘员提供一个安全的生存空间。

通过了解碰撞的过程，能够有效地确定汽车损伤；维修人员可以从事故当事人那里得到关于事故情况的信息，以便进一步确定汽车碰撞所产生间接损伤及变形。除此之外，影响碰撞损伤变形的因素还有被碰撞汽车的尺寸、构造、碰撞位置、碰撞时汽车的车速、碰撞时汽车的角度和方向，碰撞时汽车上乘员、货物的数量及位置等。

二、常见的碰撞种类

汽车发生碰撞时，损伤大小及受损程度取决于汽车产生的碰撞力。当汽车时速达到 60km/h 时，汽车前部车身发动机室的长度会被压缩 30%~40%，中部车身设计得结实牢固，乘员室的长度仅被压缩 1%~2%。

1. 前部碰撞

汽车前部与障碍物发生的碰撞称为前部碰撞，如图 5-10 所示。汽车前部车身部件主要有前保险杆、前照灯、风扇、散热器、翼子板、前段纵梁、前围板及发动机罩等。具体损伤零部件因碰撞事故实际情况不同而不同。

2. 中部碰撞

汽车中部与障碍物（或与动力物体）发生的碰撞称为中部碰撞，如图 5-11 所示。中部车身侧体设有车门、侧体门框、门槛及沿周采用高强度钢制成的抗弯能力较高的箱型断面。

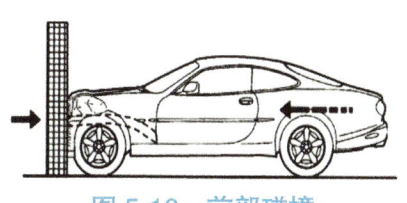

图 5-10 前部碰撞

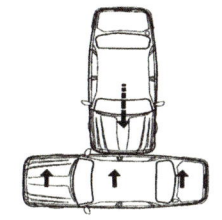

图 5-11 中部碰撞

3. 后部碰撞

汽车后部与障碍物发生的碰撞称为后部碰撞，如图 5-12 所示。轿车后部车身是用于放置物品的部分，主要由后保险杠、尾灯、后翼子板等组成。后部车身的主要载荷来自于汽车后悬架，尤其是对于后轮驱动的车辆，驱动力通过车桥、悬架直接作用于后部车身上。

4. 顶部碰撞

汽车顶部与障碍物发生的碰撞（或汽车发生翻转碰撞）称为顶部碰撞，如图 5-13 所示。汽车顶部主要有车顶或天窗等部件。

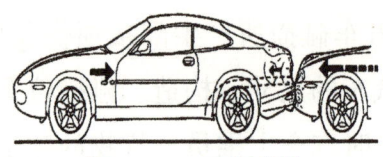

图 5-12 后部碰撞

图 5-13 顶部碰撞

三、碰撞变形损伤

汽车发生碰撞后，会发生损伤并伴随不同程度的变形。由于汽车车身结构不同，发生碰撞后力传递路径不同，损伤变形也不同。

1. 车架式车身变形

通常情况下，车架式车身由车架及围接在其周围的可分解的部件组成，车身的前部和后部具有上弯的结构，碰撞时会变形，但可保持车架中部结构的完整，碰撞力在车架上传递到最后消失是通过车身发生明显损伤或隐蔽吸能点损伤体现出来的，如图 5-14 所示。

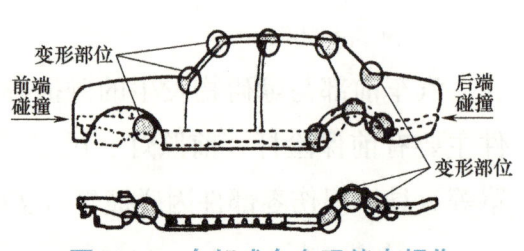

图 5-14 车架式车身吸能点损伤

当吸能点达到极限后就会出现明显的变形及损坏，车架式车身发生变形的次序一般为：左右弯曲、上下弯曲、断裂损伤、菱形变形。

（1）左右弯曲 车身外壳表面会比正常位置低，结构上有后倾或不对称现象。大多数车辆碰撞损伤中都会有左右弯曲，如图 5-15 所示。

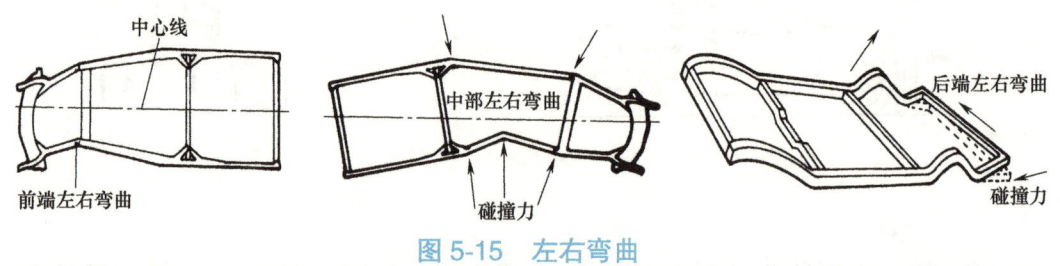

图 5-15 左右弯曲

（2）上下弯曲 在直接或间接的碰撞位置发生向上或向下的弯曲变形，如车架上下弯曲，如图 5-16 所示。

（3）断裂损伤 在车架的拐角处皱折或有其他严重的变形，甚至发生断裂的现象。例如车架在车轮挡板圆顶处向上提升，引起弹性外壳损坏，保险杠会有一个非常微小的垂直位移等，如图 5-17 所示。

（4）菱形变形 车辆的一角或偏心点受到来自前方或后方的撞击时，车架的一侧向前或向后移动，引起车架或车身歪斜，使其接近平行四边形的形状，如图 5-18 所示。

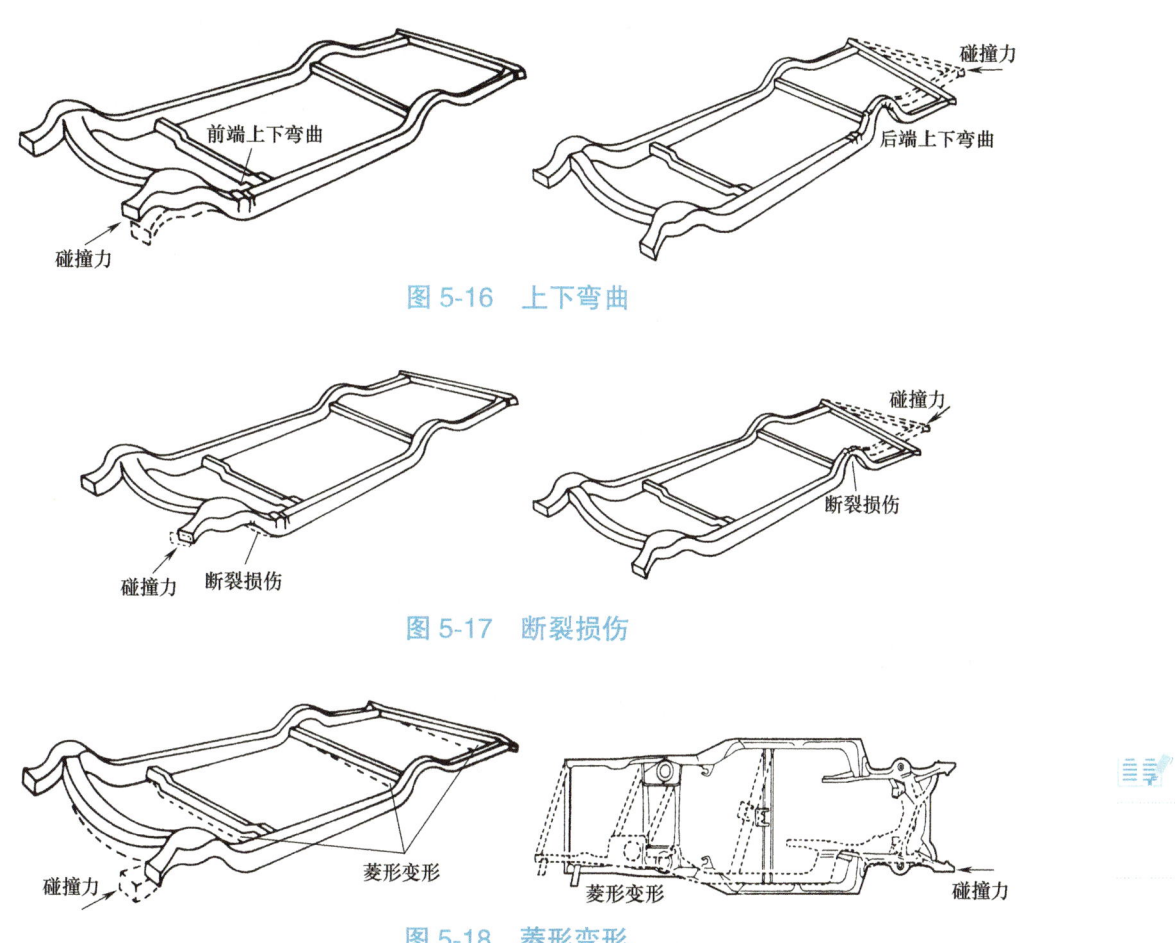

图 5-16　上下弯曲

图 5-17　断裂损伤

图 5-18　菱形变形

车架修复必须进行三维测量，最重要的准则是颠倒方向和次序。

2. 整体式车身变形

整体式车身主要部件是焊接在一起的，车身易于形成紧密的结构，有助于在碰撞时保护车内乘员，虽没有独立车架，但车身刚性较大，有助于向整个车身传递和分散冲击能量。3 种类型碰撞力传递路径及方向如图 5-19 所示。因此，当发生碰撞时，车身由于吸收碰撞力而折合收缩，冲撞力因被车身更深入的部位吸收而逐渐扩散直至完全被吸收，如图 5-20 所示。

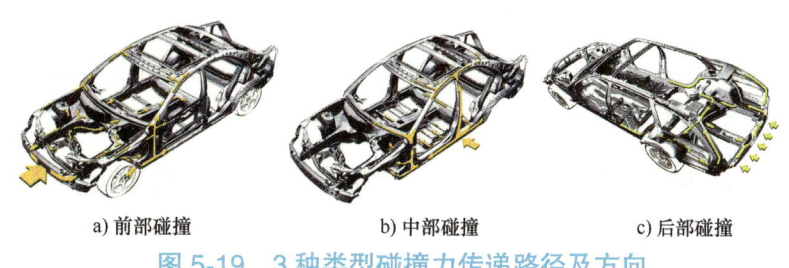

a) 前部碰撞　　　b) 中部碰撞　　　c) 后部碰撞

图 5-19　3 种类型碰撞力传递路径及方向

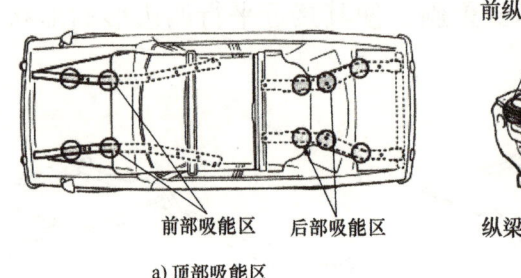

图 5-20　整体式车身吸能区

碰撞损伤变形类型有弯曲变形、断裂损伤、增宽损伤和扭转变形。

（1）弯曲变形　与车架式车身结构的弯曲变形相似，这一变形仅发生在汽车的一侧。

（2）断裂损伤　碰撞点会产生显著的挤压，碰撞的能量被结构的折曲变形吸收，以保护乘坐室。可以通过测量车身部件长度是否超出配合公差来判别是否为断裂损伤。

（3）增宽损伤　增宽损伤与车架式车身上的左右弯曲变形相似，可以通过测量车身高度和宽度是否超出配合公差来判别。

（4）扭转变形　整体式车身的扭转变形与传统车架式车身的扭转变形相似，可以通过测量其高度和宽度是否超出配合公差来判别。

四、碰撞损伤的分析

碰撞损伤大小与很多因素有关，彻底地、精确地进行撞伤判断是高质量修复的基础。碰撞损伤判断步骤如图 5-21 所示。

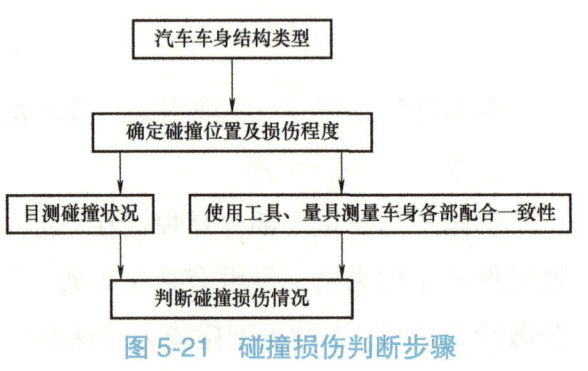

图 5-21　碰撞损伤判断步骤

1）目测直接损伤点进行诊断。

2）目测确定碰撞的方向及碰撞力的大小，并检查汽车惯性损伤（是否油漆褶皱、脱落等）。

3）检查来自乘员与物品的损伤。

4）使用精确的工具和设备测量、评估受损程度（如间隙大小一致性）。

5）通过碰撞点沿碰撞路线系统地检查部件的损伤，直到没有任何损伤痕迹的位置。例如支柱损伤可以通过检查门的配合状况来确定。

6）确定损伤是否限制在车身范围内，是否包括功能部件或元件（如车轮、悬架、发动机等）。

损伤的迹象通常在碰撞点附近比较显著，当能量在邻近的结构逐渐消散时，其损伤的程度相应减弱。但有时碰撞点上的损伤迹象很小，能量却穿过碰撞点而传递至车身内部很深的部位。

五、碰撞损伤车身测量

为了保证受损车辆车身能够完全地恢复到损伤前的状态，在进行碰撞损伤评估诊断后，还需要对车身进行精确的测量以便准确地诊断车身技术状况，并指导车身损伤修复。

汽车损伤测量时，需根据基准依据准确判断汽车车身是否受损。在测量时，主要以基准面、中心面、零平面等几个基本基准概念参数作为判断依据来进行损伤判断。

1. 基准面

基准线或基准面是一个假想的平滑平面，它与车身底板平行并与之有固定的距离，如图 5-22 所示。生产厂家测得的高度尺寸都是以它为基准得来的，它是在修理过程中用来测量的主要平面。

基准面被用来作为所有车身轮廓测量的参照面，汽车尺寸数据就是基于基准面而得到的测量结果。

2. 中心面

基准面是由假想的中心面分开的，如图 5-23 所示。中心面将汽车分成对等的两部分，前排乘员一侧和驾驶人一侧。对称的汽车所有宽度尺寸或横向尺寸都是由中心面测得的。从中心面到车身右侧特定点的测量尺寸与中心面到左侧特定点的测量尺寸是完全相同的。

图 5-22　汽车基准面

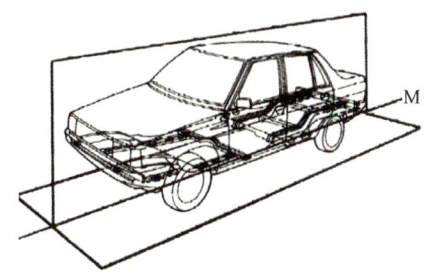

图 5-23　中心面

3. 零平面

为了正确分析汽车损伤，有必要将汽车看作一个方形结构并将其分成前、中、后三部分，三部分的基准面称为零平面，如图 5-24 所示。

这三部分在汽车的设计中已形成，在碰撞中承受影响。不论传统车架式车身还是整体式车身结构,其中部区域是一个相当大强度的平面刚性区域。这一刚性中心区可用来作为观测车身结构对中情况的基础,所有的测量及对中观测结果都与中心零平面有关。汽车前部和后部的长度尺寸都是以这两个零平面为基准的。

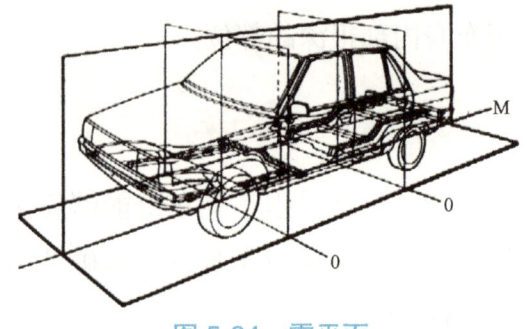

图 5-24　零平面

4. 标准参数法

参数法以图样或技术文件中的规定来体现基准目标。以图样规定为基准的参数法在测量中定向位置要求,用点与点之间的距离来体现;对称性要求,用模拟轴线(或点)与实际对称轴(或点)的相对位置来体现。

5. 对比参数法

对比参数法以相同汽车车身的定位参数来体现基准目标。

6. 车身变形的测量方法

(1) 测距法的应用　测距法是通过测量中心距直接获得定向位置点与点的距离,是最简单、实用的一种测量方法。它主要通过测距来体现车身构件之间的位置状态。测距法所使用的量具是钢卷尺、专用测距尺等,如图 5-25 所示。

(2) 定中规法的应用　当车身或车架与汽车纵轴线的对称度发生变化时,就很难用测距法对变形做出准确的诊断。使用平行杆定中规法与吊柱法,如图 5-26 所示,就可以比较好地解决这类测量问题。

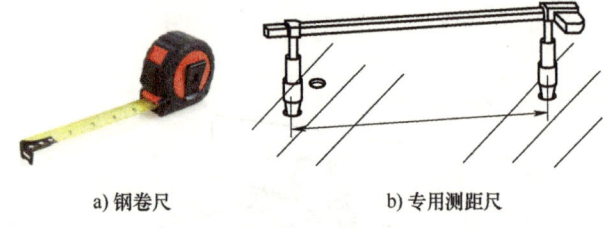

a) 钢卷尺　　　　b) 专用测距尺

图 5-25　测距法的应用量具

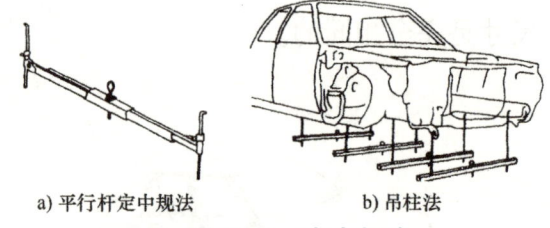

a) 平行杆定中规法　　　b) 吊柱法

图 5-26　定中规法

注意事项:着重对车身上起支撑和固定作用的螺栓孔、柱销孔间距进行测量。进行水平方向的测量时,量规臂应与车身基准面平行。必须使用与车身说明书或维修手册要求相一致的测量方法。对车身说明书标注出的所有各点都要进行测量。

7. 车身各部尺寸的测量要求

车身各部尺寸可以按理想平面的概念,将其大致分成车身上部、车身前部、车身侧板、车身后部 4 个部分,所使用的专用量具应能满足测量要求。

（1）**车身上部的尺寸测量** 车身上部损伤可以用导轨式量规或刻度尺来测量，其方法基本与对下部车身的评估相同。

（2）**车身前部的尺寸测量** 由于受损汽车需进行发动机罩前缘及前端部件调换，在修复的同时进行测量是合理的。即使仅仅车身的前右侧受到损伤，汽车左侧通常也会受到损伤。因此，在测量之前必须检验变形的程度。

检验汽车前端尺寸时，轨道式量轨测量的最佳位置是悬架及机械元件上的焊点，因为它们对于正确的对中是关键的。每一尺寸应该对照另外的两个基准点进行检验，其中至少有一个基准点要进行对角线测量，如图5-27所示。

通常，测量的尺寸越长，其精确度越高。

（3）**车身侧板的尺寸测量** 车身侧边结构的任何损伤都可以通过车门开关时的不规则性来确定，如图5-28所示。找出车身变形所在位置，应把注意力放在漏水的可能性上。车身侧板的测量主要使用轨道式量轨（卷尺）。

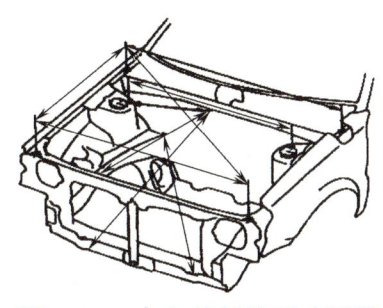

图5-27 车身前部的尺寸测量

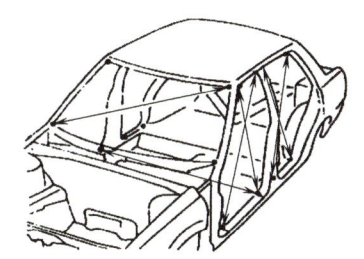

图5-28 车身侧板的尺寸测量

利用车身的左右对称性用对角线测量法可检测出车身的翘曲。在发动机室及车身下部数据遗失、车身尺寸表上没有可提供的数据或汽车倾翻中受到严重创伤时，也可以使用此方法。

在检测汽车两侧受损或扭转情况时，使用对角线测量是不适当的，因为测量不出这两条对角线的差异。如果汽车左侧和右侧变形相同，对角线长度相等。通过左侧和右侧长度测定和比较，可以对损伤做出很好的判断。这一方法适用于左侧和右侧对称的部位，还应该与对角线测量法联合进行。

（4）**车身后部的尺寸测量** 车身后部的变形大致可以通过行李舱的开关的不平衡性来估测出来。为了确定损伤及漏水的可能性，应该对测量点进行精确的测量，如图5-29所示。

车身后部底板上的皱折通常都归因于后部元件的扭弯，因此，测量后部车身的同时，也要测量汽车底部。

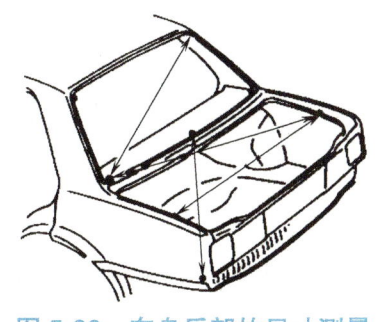

图5-29 车身后部的尺寸测量

一、任务准备

任务所需的资料、设备、工具及安全防护用品见表5-3。

表 5-3　任务所需的资料、设备、工具及安全防护用品清单

项目	内容
安全防护用品	工作服、工作帽、棉丝手套
设备及耗材	钢直尺、游标卡尺、受损车辆
场地	钣喷实训中心

二、实训操作

1）穿工作服、劳保鞋，戴工作帽、戴棉丝手套。

2）检查车身钣金件受损零部件。

① 检查前部受损区域及受损部件，如图5-30所示。

② 检查汽车中部受损区域及受损部件，如图5-31所示。

③ 检查汽车后部受损区域及受损部件，如图5-32所示。

图 5-30　前部受损

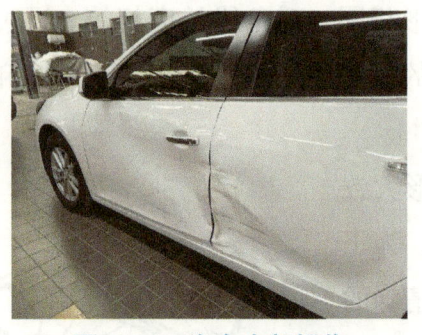

图 5-31　汽车中部损伤

图 5-32　后部损伤

④ 清洁所有设备及工具、量具。

⑤ 工位清扫，并完成配套作业单的填写。

三、学习任务作业单

车身碰撞损伤分析　任务作业单

班级：_____　**姓名：**_____　**学号：**_____　**成绩：**_____

1. 检查前部受损区域及受损部件，评估出损伤的零部件名称。

损伤零部件有_____
_____
_____。

2. 检查汽车中部受损区域及受损部件，评估出损伤的零部件名称。

损伤零部件有_____
_____
_____。

3. 检查汽车后部受损区域及受损部件，评估出损伤的零部件名称。

损伤零部件有_____
_____
_____。

4. 简述损伤分析判断步骤。

5. 根据图示写出车身变形类型。

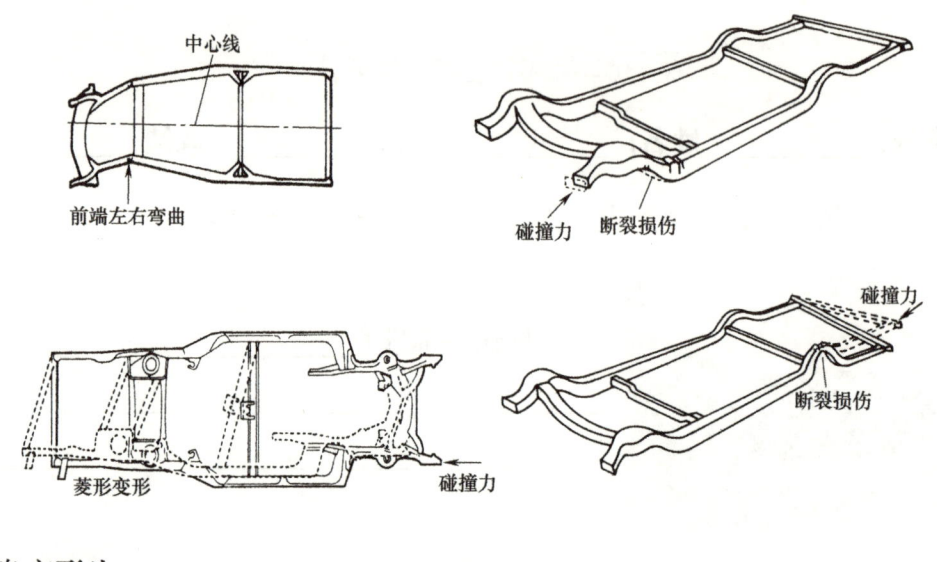

车身变形为＿＿＿。

6. 在图示中标出吸能点并用文字写出相应的位置名称。

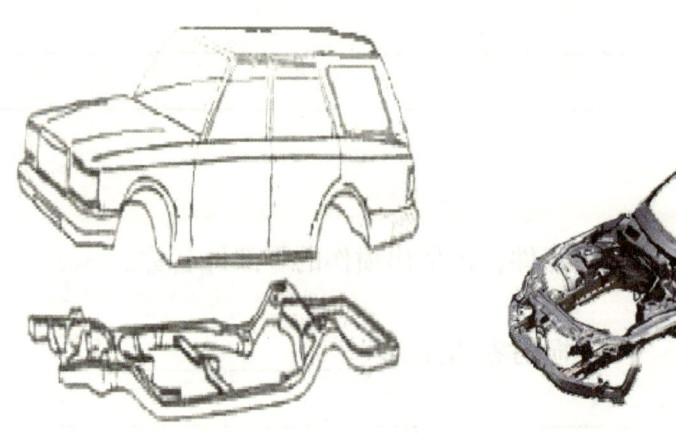 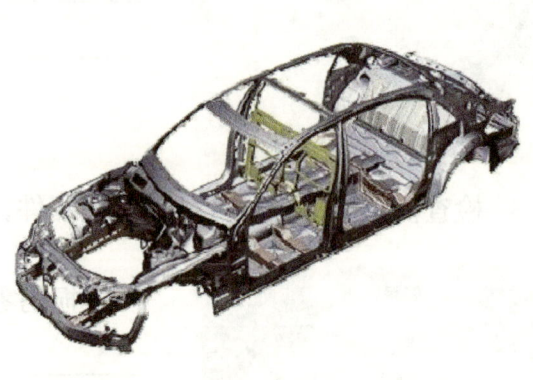

7. 简述通过测量哪些数据或位置来判断车身损伤需要修复。

评价总结

1. 小组评价

小组评价表见表5-4，总分50分。

表 5-4　小组评价表

操作项目	考核内容	评分标准	配分	扣分	得分
考核前准备	作业服装整齐，防护齐备，一次性备齐所需工具	根据情况酌情扣分	5 分		
操作步骤	1. 个人安全防护 2. 操作流程规范、合理 3. 测量数据准确、操作技能娴熟 4. 记录结果	项目未做不得分，操作方法不当扣 2 分	25 分		
文明操作	操作有序、规范	根据情况酌情扣分	5 分		
安全操作	无机具、人身事故	根据情况酌情扣分	10 分		
7S 管理	整理工具、清洁场地	根据情况酌情扣分	5 分		

2. 教师总体评价（总分 50 分）

项 目 习 题

一、判断题

1. 在所有的修复程序进行之前，先要对碰撞损伤的车辆进行全面、细致的损伤评估。（　　）
2. 在修理中发现一些未被检查到的损伤，可以不必重新进行损伤分析继续修理。（　　）
3. 损伤诊断检查中通过目测方式一般不会遗漏掉所有的损伤。（　　）
4. 除用目测方式进行诊断外，还应该使用精确的量具和设备来测量、评估受损车辆。（　　）
5. 检查车身损伤时，要沿着碰撞能量传递路线，一处一处地检查部件的损伤，直到没有任何损伤痕迹的位置。（　　）
6. 汽车碰撞时，产生的碰撞力及受损程度取决于事故发生时的状况。（　　）
7. 碰撞车辆质量越大，被碰撞车辆的变形越大。（　　）
8. 当汽车被撞后，车身外壳表面会比正常位置低，结构上也有后倾现象，这就发生了左右弯曲变形。（　　）
9. 车身左右弯曲时，部件的高度尺寸会发生变化。（　　）
10. 车辆碰撞损伤中会有上下弯曲，但在车架上可能看不出皱折和扭曲。（　　）
11. 当汽车高速撞击到路缘石或路中间的隔离栏，或车身后侧角端发生碰撞时，就可能发生扭转变形。（　　）
12. 车架式车身上各类损伤发生的次序为上下弯曲、左右弯曲、断裂变形、菱形变形和扭转变形。（　　）

13. 车身或车架修复最重要的准则是颠倒方向和次序。（   ）

14. 整体式车身的增宽损伤与车架式车身上左右弯曲变形相类似。（   ）

15. 菱形变形一般会附加有许多断裂及弯曲的组合损伤。（   ）

16. 整体式车身发生碰撞时，除了碰撞点的损伤外，离碰撞点很远的部位也会有损伤。（   ）

17. 用对角线测量可以检验出车身的扭转损伤。（   ）

18. 整体式车身的菱形变形很复杂，需要仔细检查、诊断。（   ）

二、选择题

1. 有经验的车身维修人员会把大量精力和时间用在损伤评估上，总的修理时间会（   ）。

   A. 缩短　　　　　　　　B. 增加　　　　　　　　C. 不变

2. 对于比较复杂的车身损伤检查，需要使用（   ）。

   A. 轨道式量规、定心量规

   B. 三维测量系统

   C. 钢卷尺

3. 汽车前部正面碰撞时，碰撞点位置靠上部，后部会（   ）。

   A. 向上变形　　　　　　B. 向下变形　　　　　　C. 向左变形或右变形

4. 被撞一侧纵梁的内侧及另一侧纵梁的外侧有皱曲，是发生了（   ）。

   A. 上下弯曲变形　　　　B. 左右弯曲变形　　　　C. 压缩变形

5. 车身左侧翼子板与车门缝隙变宽、右侧缝隙消失，是发生了（   ）。

   A. 前部车身向左弯曲变形

   B. 前部车身向右弯曲变形

   C. 前部车身向上弯曲变形

6. 车身翼子板与车门缝隙上部变宽、下部变窄，是发生了（   ）。

   A. 前部车身向上弯曲变形

   B. 前部车身向右弯曲变形

   C. 前部车身向下弯曲变形

7. 当发生上下弯曲时，变形的部件在（   ）。

   A. 长度方向上发生了变形

   B. 宽度方向上发生了变形

   C. 高度方向上发生了变形

8. 发动机罩是否前移或后车窗是否后移；车门可能吻合得很好，但挡板、车身或车架的拐角处皱折或有其他严重变形，可能发生了（   ）。

   A. 上下弯曲变形　　　　B. 左右弯曲变形　　　　C. 断裂变形

9. 如果观察到发动机罩及行李舱盖发生错位，可能发生了（   ）。

   A. 上下弯曲变形　　　　B. 菱形变形　　　　　　C. 断裂变形

10. 汽车前端碰撞较轻时，可能会损伤的部件是（   ）。

    A. 前立柱　　　　　　　B. 中立柱　　　　　　　C. 散热器框架

项目六　典型板件的拆装与调整

 项目描述

车身就是通过不同板件按一定的顺序连接而成的，在事故车辆维修中，板件拆装工序是汽车钣金工种最基础的环节之一。作为一名汽车钣金工首先要学会对板件进行正确、规范的拆装作业。规范、正确地拆装要求要具有很强的责任心，一定要有"装一颗螺钉，负一生责任"的担当。本项目将以典型板件的拆装与调整为例，进行正确、规范的拆装作业讲解及实操训练。

任务一　保险杠的拆装与调整

 任务目标

知识目标	技能目标	素养目标
1. 了解保险杠的结构组成及功用。 2. 掌握选用正确的拆装工具的方法。 3. 掌握保险杠的拆装与调整方法。	1. 具有拆装与调整保险杠的能力。 2. 具有检验保险杠安装质量的能力。	1. 形成良好的职业素养，遵守职业道德。 2. 养成良好的责任心。 3. 养成积极的人生态度，培养健康的心理素质。

 任务描述

某车主下班途中，在前方车辆紧急制动时，车主反应不及时导致汽车发生了追尾事故。通过观察，可很明显地发现汽车前、后保险杠都发生了严重损坏，如图6-1所示，经损伤区评估，需要进行前、后保险杠更换作业。

图 6-1　汽车发生追尾事故

知识储备

一、汽车保险杠的结构

现代轿车大多采用塑料保险杠。塑料保险杠由外板、缓冲材料和横梁三部分组成，其中外板和缓冲材料用塑料制成，横梁用厚度为 1.5mm 左右的冷轧薄板冲压成 U 形槽。外板和缓冲材料附着在横梁上，横梁与车架纵梁之间用螺栓连接，可以随时拆卸下来。塑料保险杠所使用的塑料多为聚酯系和聚丙烯系，采用注射成形法制成。塑料保险杠具有一定的强度、刚性，并具有一定的装饰性。从安全上看，保险杠在汽车发生碰撞事故时能起到缓冲作用，保护前、后车体；从外观上看，保险杠可以很自然地与车体结合在一起，具有很好的装饰性，成为装饰轿车的重要部件。

二、保险杠的功用

汽车保险杠分为前保险杠和后保险杠，属于安全件。保险杠的主要功用是：当轿车前端或者后端与其他物体相撞时，不仅能有效保护车身，还能减轻人员伤亡。另外，保险杠作为车身外部装饰件，能起到美化汽车外形的作用以及为照明系统及前、后通风系统提供一定的安装空间与支承。图 6-2 所示为汽车前保险杠蒙皮。

三、保险杠拆装工具

保险杠的拆装工具有世达拆装工具组套、塑料撬板、卡扣拆装工具等，如图 6-3 所示。

图 6-2　汽车前保险杠蒙皮

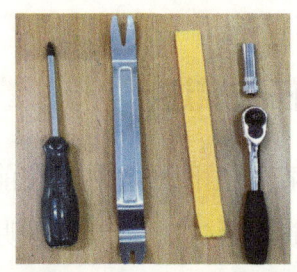

图 6-3　保险杠拆装工具

一、任务准备

任务所需的资料、设备、工具及安全防护用品见表6-1。

表6-1 任务所需的资料、设备、工具及安全防护用品清单

项目	内容
安全防护用品	工作服、工作帽、护目镜、安全鞋、棉丝手套、车内三件套、车外三件套
设备及耗材	吉利汽车1辆、举升机、世达拆装工具组套、塑料撬板、车身修理手册
场地	钣喷实训中心

二、实训操作

1）穿工作服、劳保鞋，戴工作帽、棉丝手套、护目镜。

2）安装车内三件套，如图6-4所示。

3）将汽车平稳地停放在举升机上，并确认制动，如图6-5所示。

图6-4 安装车内三件套

图6-5 安全停放车辆

4）撑起发动机罩，如图6-6所示。

5）安装车外三件套，如图6-7所示。

图6-6 撑起发动机罩

图6-7 安装车外三件套

6）确认散热器空气导流板卡子位置，如图6-8所示；用起卡工具拆卸散热器空气导流板上的卡子，如图6-9所示。

图 6-8　散热器空气导流板卡子位置

图 6-9　拆卸散热器空气导流板上的卡子

7）确认前保险杠蒙皮上部螺栓位置，如图 6-10 所示；用扳手拆卸前保险杠蒙皮上部螺栓，如图 6-11 所示。

图 6-10　前保险杠蒙皮上部螺栓位置

图 6-11　拆卸前保险杠蒙皮上部螺栓

8）调整车轮方向至极限位置，如图 6-12 所示；用塑料撬板拆卸两侧的前轮罩衬板装饰板，如图 6-13 所示。

图 6-12　调整车轮方向

图 6-13　用塑料撬板拆卸前轮罩衬板装饰板

9）用十字螺钉旋具拆卸两侧的前轮罩衬板螺钉，如图 6-14 所示。

图 6-14　拆卸前轮罩衬板螺钉

10）举升车辆，如图 6-15 所示；用 10mm 套筒拆卸保险杠下板加强螺栓，如图 6-16 所示。

图 6-15　举升车辆

图 6-16　拆卸保险杠下板加强螺栓

11）降下车辆，小心地将前保险杠蒙皮向外拉出，如图 6-17 所示，从而将固定凸舌从前保险杠蒙皮导板上松开。

注意事项：拉出前保险杠时，用双手拉住保险杠小心往后并向外拉出蒙皮，以防杠卡或者保险杠蒙皮断裂。

12）断开雾灯插接器，如图 6-18 所示。

图 6-17　将前保险杠蒙皮向外拉出

13）在助手的帮助下，拆卸前保险杠蒙皮，如图 6-19 所示。

注意事项：在助手的协助下，拆下保险杠并放置在专用架子上，以防漆面刮伤。

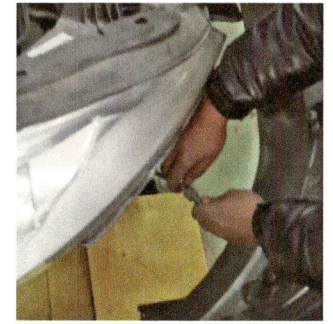

图 6-18　断开雾灯插接器

图 6-19　前保险杠蒙皮

14）按需要拆卸或更换零部件，用一字槽螺钉旋具拆卸中网，如图 6-20 所示；用十字槽螺钉旋具拆卸雾灯总成，如图 6-21 所示。

15）按与拆卸相反的顺序安装前保险杠。所有螺栓按规定力矩拧紧，用螺栓将保险杠固定后，必须对其进行调整，使其到翼子板和前格栅的距离相等，顶部间隙应均匀一致，如图 6-22 所示。

图 6-20　拆卸中网

图 6-21　拆卸雾灯总成

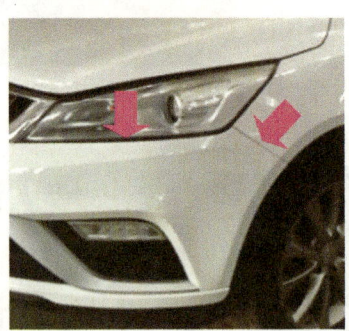

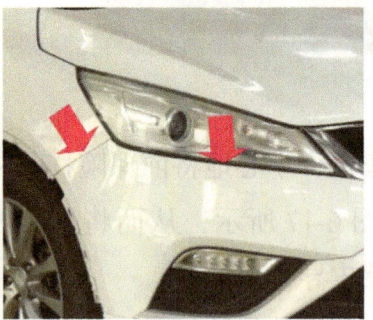

图 6-22　前保险杠与翼子板、前照灯的配合缝隙

三、学习任务作业单

保险杠的拆装与调整　任务作业单

班级：_____　　姓名：_____　　学号：_____　　成绩：_____

1. 简述汽车保险杠的结构。

2. 简述保险杠的功用。

3. 简述拆卸保险杠选用的工具。

4. 简述拆卸保险杠的步骤。

评价总结

1. 小组评价

小组评价表见表 6-2，总分 50 分。

表 6-2 小组评价表

操作项目	考核内容	评分标准	配分	扣分	得分
考核前准备	作业服装整齐，防护齐备，一次性备齐所需工具	根据情况酌情扣分	5 分		
操作步骤	1. 个人安全防护 2. 操作流程规范、合理 3. 操作技能娴熟，缝隙调整符合要求 4. 记录结果	项目未做不得分，操作方法不当扣 2 分	25 分		
文明操作	操作有序、规范	根据情况酌情扣分	5 分		
安全操作	无机具、人身事故	根据情况酌情扣分	10 分		
7S 管理	整理工具、清洁场地	根据情况酌情扣分	5 分		

2. 教师总体评价（总分 50 分）

任务二　翼子板的拆装与调整

 任务目标

知识目标	技能目标	素养目标
1. 了解翼子板的结构组成及功用。 2. 掌握选用正确的拆装工具的方法。 3. 掌握翼子板的拆装与调整方法。	1. 具有拆装与调整翼子板的能力。 2. 具有检验翼子板安装质量的能力。	1. 形成良好的职业素养、遵守职业道德。 2. 培养良好的责任心和事业心。 3. 养成积极的人生态度，培养健康的心理素质。

任务描述

一辆事故汽车如图 6-23 所示,汽车左前部与其他车辆相撞,造成左前照灯破损和左前翼子板严重变形。经保险定损评估,前照灯破损需要更换,其翼子板变形程度为无法整形修复恢复至其强度及表面形状,需拆装更换。

 知识储备

图 6-23　事故车辆

一、翼子板的结构

汽车翼子板是遮盖车轮的车身外板,因旧式车身该部件的形状类似鸟翼而得名。汽车翼子板按照安装位置不同分为前翼子板和后翼子板,如图 6-24 和图 6-25 所示。

图 6-24　前翼子板

图 6-25　后翼子板

1. 前翼子板

大多用螺钉与车身壳体相连接,可以随时拆卸和安装,后端通过中间板与前围支柱相连接,前端和散热器框架的延长部分及灯具相连接,侧面与挡泥板相连接,左、右前翼子板也有连板。

2. 后翼子板

后翼子板是车身后部侧面的外板,又称为后侧围板,是车身后部两侧的大块板件,从后车门向后一直延伸到后保险杠位置,构成车身后部的侧面。它与后侧围板内板或后舱架连接(两厢式),是与车身壳体为一个整体、不可拆卸的部分。它通常以焊接方式固定,是车身后部的重要构件,其拆卸只能通过切割的方法进行。

二、翼子板的功用

在汽车行驶过程中,翼子板可防止被车轮卷起的砂石、泥浆溅到车厢的底部,是车上的大型覆盖件之一；同时，作为车身外部件装饰件，能起到美化汽车外形的作用。

三、翼子板的拆装工具

翼子板的拆装工具有世达拆装工具组套、塑料撬板、卡扣拆装工具等。

任务实施

一、任务准备

任务所需的资料、设备、工具及安全防护用品见表6-3所示。

表6-3 任务所需的资料、设备、工具及安全防护用品清单

项目	内容
安全防护用品	工作服、工作帽、护目镜、安全鞋、棉丝手套、车内三件套、车外三件套
设备及耗材	吉利汽车1辆、举升机、世达拆装工具组套、塑料撬板、车身修理手册
场地	钣喷实训中心

二、实训操作

1）穿工作服、劳保鞋，戴工作帽、棉丝手套。

2）拆卸保险杠。

3）拆卸汽车前照灯。

因前翼子板被汽车前照灯压住，所以在拆卸前翼子板前需先将汽车前照灯拆卸下来。依次用10号套筒拆卸汽车前照灯下部、上部和顶部的固定螺栓，如图6-26所示；同时，拔下汽车前照灯线束的接插件，如图6-27所示，取下汽车前照灯总成。

4）在拆装左前和右前轮翼子板时，应先调整车轮方向，如图6-28所示，为拆装腾出空间。

图6-26 拆卸前照灯固定螺栓

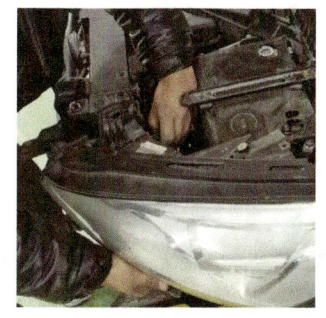

图6-27 拔下前照灯线束的接插件

图6-28 调整车轮方向

5）用塑料撬板拆卸两侧的前轮罩衬板装饰板，如图 6-29 所示。

6）使用卡扣拆卸专用工具将前车身立柱上分盖总成撬出并取下，如图 6-30 所示。

7）依次用 10 号套筒拆卸前翼子板与车身的连接螺栓，如图 6-31 所示。

图 6-29　拆卸前轮罩衬板装饰板

图 6-30　撬出分盖总成

图 6-31　拆卸连接螺栓

8）用十字槽螺钉旋具依次拆卸翼子板与轮罩的连接螺钉，如图 6-32 所示。

9）拆下前翼子板，如图 6-33 所示。

图 6-32　拆卸翼子板与轮罩的连接螺钉

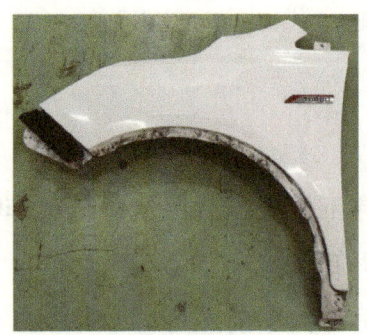
图 6-33　前翼子板

10）按与拆卸相反的顺序安装前翼子板。所有螺栓按规定力矩拧紧，用螺栓将保险杠固定后，必须对其进行调整，使其到翼子板边缘和前车门、前保险杠蒙皮、前照灯、发动机舱盖的边缘距离相等，间隙应均匀一致，如图 6-34 所示。

图 6-34　前保险杠蒙皮与翼子板、前照灯的配合缝隙

三、学习任务作业单

<u>翼子板的拆装与调整</u>　任务作业单

班级：_____　姓名：_____　学号：_____　成绩：_____

1. 简述汽车前翼子板的结构特点。

2. 简述翼子板的功用。

3. 简述拆卸翼子板选用的工具。

4. 简述拆卸翼子板的步骤。

评价总结

1. 小组评价

小组评价表见表 6-4，总分 50 分。

表 6-4　小组评价表

操作项目	考核内容	评分标准	配分	扣分	得分
考核前准备	作业服装整齐，防护齐备，一次性备齐所需工具	根据情况酌情扣分	5 分		
操作步骤	1. 个人安全防护 2. 操作流程规范、合理 3. 操作技能娴熟，缝隙调整符合要求 4. 记录结果	项目未做不得分，操作方法不当扣 2 分	25 分		
文明操作	操作有序、规范	根据情况酌情扣分	5 分		
安全操作	无机具、人身事故	根据情况酌情扣分	10 分		
7S 管理	整理工具、清洁场地	根据情况酌情扣分	5 分		

2. 教师总体评价（总分50分）

任务三　车门的拆装与调整

任务目标

知识目标	技能目标	素养目标
1. 了解汽车车门的结构组成及功用。 2. 掌握选用正确的拆装工具的方法。 3. 掌握车门衬板、卡扣、线束插接器等车门部件的拆装与调整方法。	1. 具有拆装与调整车门的能力。 2. 具有检验车门安装质量的能力。	1. 形成良好的职业素养、遵守职业道德。 2. 培养良好的责任心和事业心。 3. 养成积极的人生态度，培养健康的心理素质。

任务描述

一辆汽车在行驶过程中发生事故，车门受到严重撞击，导致车身侧面和骨架严重变形，其车门损伤情况如图6-35所示，需对车门进行拆装与调整作业。

知识储备

图6-35　车门损伤情况

一、车门的作用、结构及特点

1. 车门的作用

车门是车身的一个独立总成，是汽车车身的主要组成部分，是乘员上车、下车或装卸货物的通道；同时具有关闭防盗、保证驾驶人及乘员行车安全等功能。在汽车行驶时，车门封闭车身壳体，以确保行车安全。

车门内饰板的功能有：提供与车门相关的内部装饰，操作及防护功能；提供一定的储物空间；提供乘员的侧面防护功能；提供乘员在车内的开关操作功能等。

2. 车门的结构

车门通常由门皮、门内骨架、门板、内饰板等部件组成，门皮、骨架和门板通常用点焊或折边粘接的方式接合在一起。

车门内饰板上的附件有车门把手、内开扳手、摇窗机控制机构、防冲撞保护垫等附件。

3. 车门的特点

1）车门通过铰链与立柱相连接，车门铰链通过螺栓连接固定在立柱和门框上，具有可以随时拆卸及安装的特点，同时车门与车架、翼子板，立柱等连为一体，在安装时必须调整到合适的位置，以便车门能够正常关闭和确保配合缝隙一致。

2）车门应开关灵活、运动自如，具有足够乘员上、下车的开度，车门开关应有轻度的节制，能在最大开度和中间开度的位置上停稳，轿车车门开度一般在60°~70°范围内，并能保证即使在倾斜路面上车门也能够顺利开启。

3）车门在锁止时，不得因振动、碰撞而自动开启；在希望开启时，应很容易打开；车窗玻璃应升降轻便。

4）车门与门洞之间应有良好的密封性，雨、雪不能从车门缝隙进入车内，并能把灰尘和泥水挡在车外。

5）有良好的工艺性和维修方便性。

6）附件布置合理，相互不干涉，使用方便。

7）车门应具有大的透光面，满足侧向视野要求，同时应有足够的强度和刚度，不允许因变形、下沉而影响到车门开、关的可靠性。在关门时，不得有敲击声；行驶时，不允许产生振动和噪声。

二、拆装车门工具

拆装车门及饰板需要的工具有世达工具组套、预置式扭力扳手、塑料翘板、一字槽螺钉旋具、十字槽螺钉旋具、卡扣起、美工刀等。

任务实施

一、任务准备

任务所需的资料、设备、工具及安全防护用品见表6-5。

表 6-5　任务所需的资料、设备、工具及安全防护用品清单

项目	内容
安全防护用品	工作服、工作帽、护目镜、安全鞋、棉丝手套、车内三件套、车外三件套
设备及耗材	吉利汽车 1 辆、举升机、世达拆装工具组套、塑料撬板、车身修理手册
场地	钣喷实训中心

二、实训操作

1. 汽车车门内饰板的拆装

1）穿工作服、劳保鞋，戴工作帽、棉丝手套、护目镜。

2）安装车内三件套，如图 6-36 所示。

3）将汽车平稳地停放在举升机上，并确认制动，如图 6-37 所示。

图 6-36　安装车内三件套

图 6-37　安全停放车辆

4）撑起发动机罩，如图 6-38 所示。

5）使用套筒工具拆卸蓄电池负极电缆，如图 6-39 所示。

图 6-38　撑起发动机罩

图 6-39　拆卸蓄电池负极电缆

6）将车门完全打开，如图 6-40 所示。

7）用十字槽螺钉旋具拆卸门内扶手内的连接螺钉，如图 6-41 所示。

8）使用撬板将拉手外壳密封件从车门饰板中撬出，如图 6-42 所示。

9）用十字槽螺钉旋具拆卸车门内饰板的连接螺钉，如图 6-43 所示。

10）使用面板拆卸工具，准确找到卡扣位置后，用力往外撬，如图 6-44 所示，即可拆下车门内饰板总成。

图 6-40 车门完全打开

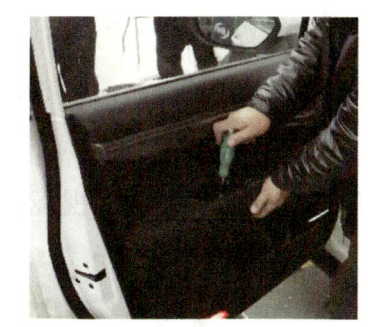

图 6-41 拆卸门内扶手内的连接螺钉

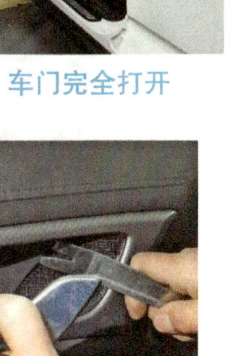

图 6-42 撬出拉手外壳密封件

图 6-43 拆卸车门内饰板的连接螺钉

11)脱开车门拉手钢丝线,如图 6-45 所示。

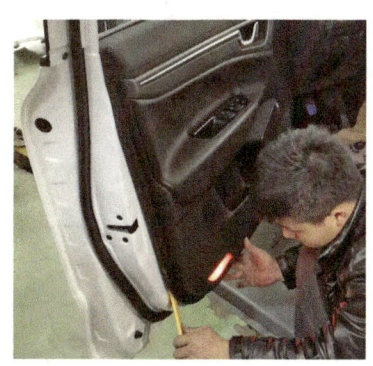

图 6-44 撬出车门内饰板总成

图 6-45 脱开车门拉手钢丝线

12)断开其连接线束,如图 6-46 所示。

13)取下车门装饰板,如图 6-47 所示。

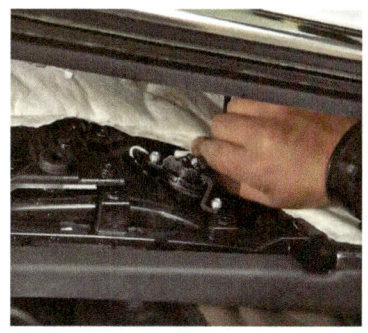

图 6-46 断开其连接线束

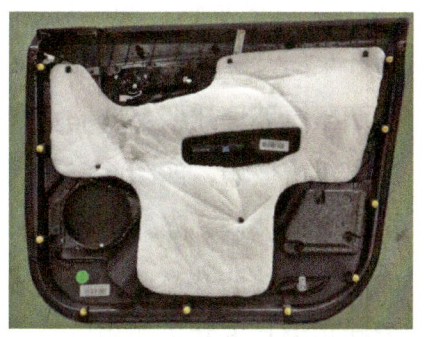

图 6-47 车门装饰板

14）用小刀沿着封胶的方向切割下内护板内衬膜料，如图 6-48 所示。

15）安装车门内饰板，按与拆卸相反的顺序进行。

2. 外后视镜的拆装

1）用 10mm 套筒拆卸后视镜紧固螺栓，如图 6-49 所示。

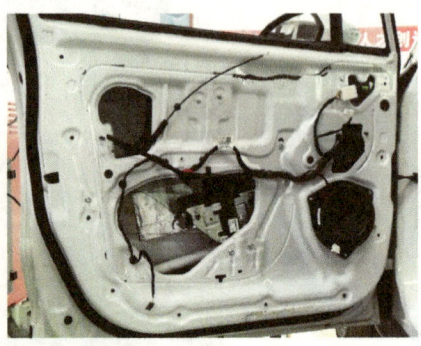

图 6-48　切割下内护板内衬膜料　　　　　　　图 6-49　拆卸后视镜紧固螺栓

2）断开后视镜线束插头，如图 6-50 所示。

3）取出后视镜总成，如图 6-51 所示。

图 6-50　断开后视镜线束插头　　　　　　　图 6-51　取出后视镜总成

4）安装后视镜总成，步骤与拆卸步骤相反。

3. 车窗升降器的拆装

1）连接车门升降器线束，打开 ON 档，将车窗玻璃降至大约 2/3 高度处，刚好能拆卸车窗玻璃托架螺栓，如图 6-52 所示。

2）断开车门升降器线束，如图 6-53 所示。

3）拆卸车窗玻璃托架与玻璃螺栓，如图 6-54 所示。

4）取出车窗玻璃，如图 6-55 所示。

5）拆卸车窗玻璃升降器与车门骨架螺栓，如图 6-56 所示。

6）取出车窗玻璃升降器，如图 6-57 所示。

7）安装步骤与拆卸步骤相反。

图 6-52　车窗玻璃降至大约 2/3 高度处

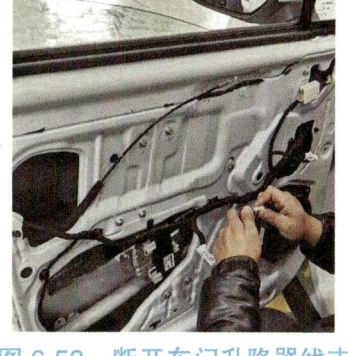
图 6-53　断开车门升降器线束

图 6-54　拆卸车窗玻璃托架与玻璃螺栓

图 6-55　取出车窗玻璃

图 6-56　拆卸车窗玻璃升降器与车门骨架螺栓

图 6-57　车窗玻璃升降器

三、学习任务作业单

<u>车门的拆装与调整</u>　任务作业单

班级：_____　**姓名：**_____　**学号：**_____　**成绩：**_____

1. 简述车门的作用。

2. 简述翼子板的特点。

3. 简述拆卸车门选用的工具。

4. 简述拆卸车门的步骤。

评价总结

1. 小组评价

小组评价表见表 6-6，总分 50 分。

表 6-6 小组评价表

操作项目	考核内容	评分标准	配分	扣分	得分
考核前准备	作业服装整齐，防护齐备，一次性备齐所需工具	根据情况酌情扣分	5 分		
操作步骤	1. 个人安全防护 2. 操作流程规范、合理 3. 操作技能娴熟，缝隙调整符合要求 4. 记录结果	项目未做不得分，操作方法不当扣 2 分	25 分		
文明操作	操作有序、规范	根据情况酌情扣分	5 分		
安全操作	无机具、人身事故	根据情况酌情扣分	10 分		
7S 管理	整理工具、清洁场地	根据情况酌情扣分	5 分		

2. 教师总体评价（总分 50 分）

项目习题

一、判断题

1. 车门的主要作用是供人、货物进出汽车和采光。（　　）
2. 车窗玻璃升降机主要有电动和手动两类。（　　）

二、选择题

1. （　　）不是一般车门的组成部分。
   A. 车窗玻璃　　　　　　　　B. 内饰板
   C. 外摆式车门　　　　　　　D. 车窗玻璃升降器

2. 车门的最大开度一般在（　　），这要根据上、下车方便，上车后关门方便，以及车门与车身不干涉等条件而定。
   A. 35°~55°　　　　　　　　B. 65°~70°
   C. 35°~45°　　　　　　　　D. 40°~45°

3. 拆卸车身压条可以使用（　　）。
   A. 一字槽螺钉旋具　　　　　B. 刮刀
   C. 美工刀　　　　　　　　　D. 塑料撬板

4. 拆卸车身紧固件时，为了达到标准拧紧力矩，必须使用（　　）。
   A. 套筒扳手　　　　　　　　B. 活扳手
   C. 扭力扳手　　　　　　　　D. 套头扳手

5. 拆卸汽车前保险杠蒙皮时，（　　）不是需在车内铺设的防护。
   A. 转向盘套　　　　　　　　B. 变速器套
   C. 翼子板布　　　　　　　　D. 脚垫

项目七　车身覆盖件受损修复

 项目描述

当前，随着社会经济的快速发展，资源占据越来越重要的地位，打造资源节约型和环境友好型社会，为子孙后代留下蓝天绿地、碧水青山已成为大家的共识。在汽车维修中，车身覆盖件受损修复成为汽车维修行业日益重要的组成部分，受损件的修复再利用是打造资源节约型和环境友好型社会的重要举措。本项目主要介绍了钣金快修工艺（免喷漆）和车身面板整形技术，并通过典型案例使学生快速掌握车身覆盖件受损修复的基本知识及修复方法。

任务一　汽车钣金快修（免喷漆）

 任务目标

知识目标	技能目标	素养目标
1. 了解汽车钣金快修工艺（免喷漆）工作原理。 2. 掌握汽车钣金快修工艺（免喷漆）设备的使用方法。	1. 具有黏结法修复的能力。 2. 具有微钣金修复的能力。 3. 具有检验修复质量的能力。	1. 形成良好的职业素养、遵守职业道德。 2. 形成节约资源和爱护环境的理念。

 任务描述

现有一辆汽车与另一辆汽车发生了轻微碰撞，造成左车门被刮擦，经检查，漆膜未被破坏，如图 7-1 所示。受损分析确定可以用汽车钣金快修工艺（免喷漆）进行面板整形修复。

项目七 车身覆盖件受损修复

图 7-1 车门受损

知识储备

在大量车身事故中，很多都是轻微的刮擦事故，如果金属板件的损伤较小，可以使用不损伤漆面的修复方法，不但可以节省大量的时间和劳动，而且可以在保持原车漆的情况下完美修复。一般常用的修复方法有凹陷拉拔器修复和微钣金修复两种方法。

一、汽车免喷漆凹陷拉拔器修复

1. 汽车免喷漆凹陷拉拔器修复原理

汽车免喷漆凹陷拉拔器修复是利用力学、热力学和光学等原理来实现修复的，修复前后对比如图 7-2 所示。

首先利用光折射的视觉效果判断凹陷的位置和程度，再应用杠杆原理按摩车身内部纤维逐步将车身凹陷处的张力释放，使凹陷恢复原状，实现对车身凹陷的快速、准确、完整地修复。同时，配合使用镜面镀膜技术，使修复后的汽车表面光亮如新。

2. 汽车免喷漆凹陷拉拔器修复常用工具

常用工具有拉拔器、热熔枪、热熔胶棒、整平头、熔胶拉拔接头、修复胶棒、粘盘等，如图 7-3 所示。

a) 修复前   b) 修复后

图 7-2 车身免喷漆凹陷拉拔器修复前后对比

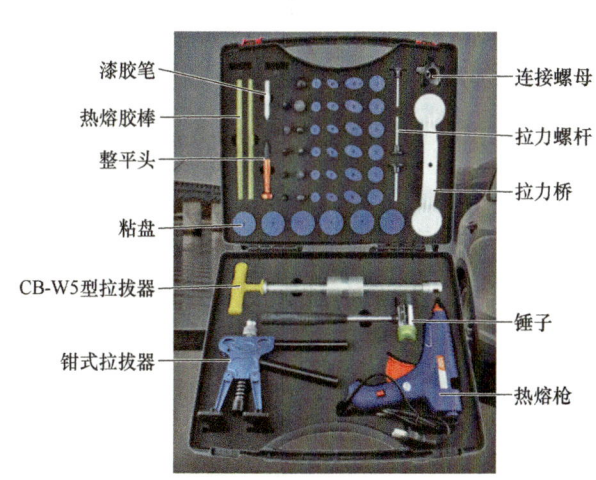

图 7-3 免喷漆凹陷修复拉拔器修复套装

89

3. 汽车免喷漆凹陷拉拔器修复流程

1）检查损伤。在做凹陷修复的时候，首先要借助灯光找出凹陷的点。先将灯管放在待修板件的上方或侧面，让灯管与待修板件呈垂直状态。

2）清洁。用干净的湿布清洁凹痕部分。

3）标记损伤。使用记号笔在需要拉拔的碰撞点做标记。

4）溶胶。把热熔胶棒从热熔枪后面装入，扣动扳机，让胶棒进入热熔枪，插上电源，让热熔枪预热5min。

5）选择垫片。依据车身钣金凹陷大小选择合适的垫片，大的凹痕需要用大的牵引垫片。

6）粘贴垫片使用热熔枪将融化后的热熔胶均匀地涂抹在垫片表面上，快速将涂满热熔胶的牵引垫片放在凹痕的中央部位，轻轻压住，直至热溶胶固化粘牢，时间为3~5min。

7）拉拔修复凹陷。使用拉拔器连接垫片，等接头上的溶胶冷却后对凹陷进行拉拔修复。将拉拔器和拉拔接头连接，用垂直于板件的力量进行拉拔修复。操作中，依据凹陷大小调整力度，必须缓慢调整施力直到凹陷之处完整被拉平复原；重复检查凹陷之处是否平整，并重复5）、6）、7）的操作，使凹陷之处完整平复。

8）去除粘胶。拉拔完成后，使用稀释剂取下接头。在接头周围滴几滴稀释剂，使用塑料刮刀的边缘取下黏合剂。

9）抛光。使用打蜡抛光机和抛光剂整理表面，修护后应看不到凹陷。

4. 使用汽车免喷漆凹陷拉拔器修复时的注意事项

1）汽车凹痕修复最好在气温18~35℃时进行。

2）如果在冬季使用，要首先用热风机对凹痕部位加热。

3）如果凹痕没有完全修复，应重复几次，直到达到想要的效果。

4）如果车辆表面破损而且有脱漆，使用这种方法有可能造成周边车漆的脱落。

5）如果车体表面或牵引垫片有残留的热熔胶不易清除，可使用酒精清除。

二、微钣金修复

除了使用黏结修复的方法外，可以使用微钣金工具来修复，常用的工具有撬镐、微钣金工具、小凹陷顶出器等。

1. 微钣金工具

微钣金工具主要由一组不同长度、端部不同形状、受力不同的撬杠组成，如图7-4所示。

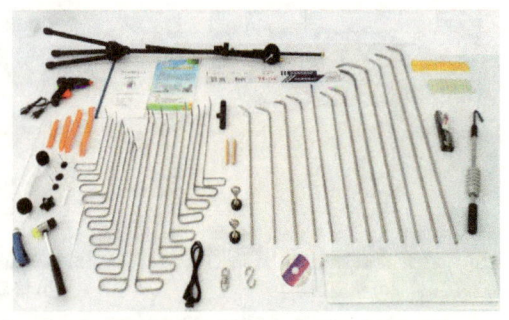

图7-4 撬棒修复套装

2. 微钣金工具的使用

1）清洁并确认受损面积和形状,如图 7-5 所示。

2）寻找插入点。放下车窗,在车窗缝隙塞一块木块支撑,如图 7-6 所示。

3）根据受损情况选择合适的工具。

4）选好工具后,把微钣金工具深入门板凹陷背面,进行轻柔顶压,如图 7-7 所示。慢慢地将凹痕往外顶,顶的力度要轻,避免凹陷被过度顶出。

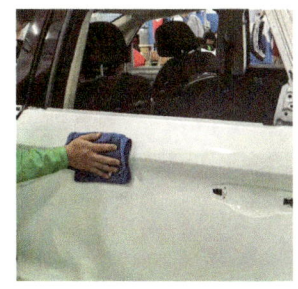
图 7-5　清洁受损部位

图 7-6　寻找插入点

图 7-7　利用撬棍整形修复

5）用橡胶锤和塑料棒在凹痕周围轻轻敲击,碾平痕迹,如图 7-8 所示。

6）检查凹陷修复的质量。如果还有凹痕,继续进行 4）和 5）的操作。

7）清洁、抛光,如图 7-9 所示。

图 7-8　轻敲碾平痕迹

图 7-9　抛光

任务实施

一、任务准备

任务所需的设备、工具、量具及安全防护用品见表 7-1。

表 7-1　任务所需的设备、工具、量具及安全防护用品清单

项目	内容
安全防护用品	工作帽、护目镜、耳罩、口罩、工作服、棉丝手套、劳保鞋、毛巾
设备及工具、量具	拉拔器、热熔枪、热熔胶棒、整平锤、熔胶拉拔接头、修复胶棒、拉拔器粘盘
场地	钣喷实训中心

二、实训操作

1. 检查损伤
借助灯光找出凹陷的点，如图7-10所示。

2. 清洁漆面
清洁车身损伤表面和装备工具，如图7-11所示。清洁后，不要再次污染板件表面，保证黏合剂能够很好地进行黏合。

3. 标记损伤
使用记号笔在需要拉拔的碰撞点做标记，如图7-12所示。

图7-10 检查损伤

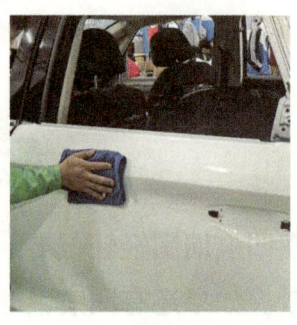
图7-11 清洁损伤表面

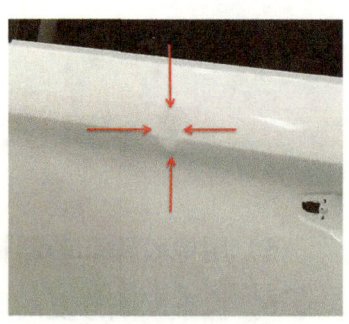
图7-12 标记损伤

4. 熔胶
在热熔枪中装入热熔胶棒，如图7-13所示，接通电源，让热熔枪预热5min将热熔胶棒加热成液态。

5. 选择垫片
依据车身钣金凹陷大小选择合适的垫片，如图7-14所示。

6. 粘贴垫片
使用热熔枪将融化后的热熔胶均匀地涂抹在垫片表面上，快速将涂满热熔胶的牵引垫片放在凹痕的中央部位，轻轻压住，直至热熔胶固化粘牢，时间为3~6min。

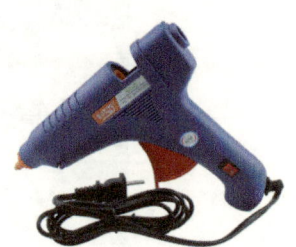
图7-13 热熔枪

7. 拉拔修复凹陷
等接头上的热熔胶冷却后，利用拉拔器连接垫片对凹陷进行拉拔修复。将拉拔器和拉拔接头连接，用垂直于板件的力量进行拉拔修复。操作中依据凹陷大小调整力度，必须缓慢调整施力直到凹陷之处完整地被拉平复原；重复检查凹陷之处是否平整，并重复5、6、7的操作，使凹陷之处完整地平复。

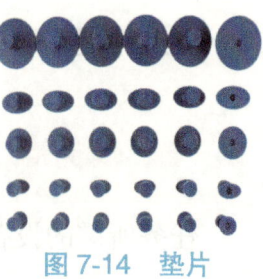
图7-14 垫片

8. 去除粘胶
拉拔完成后，使用稀释剂取下接头。在接头周围滴几滴稀释剂，使用塑料刮刀的边缘取下黏合剂。

9. 抛光

使用打蜡抛光机和抛光剂整理表面，修护后应看不到凹陷，如图7-15所示。

10. 6S

1）焊接完成后，将所有设备的参数归零并关闭电源。

2）整理工具和量具。

3）清洁所有设备及工具、量具。

4）工位清扫。

a) 抛光处理　　b) 抛光后效果

图 7-15　抛光

三、学习任务作业单

汽车钣金快修（免喷漆）任务作业单

班级：＿＿＿＿　**姓名：**＿＿＿＿　**学号：**＿＿＿＿　**成绩：**＿＿＿＿

1. 写出下图中设备的名称：＿＿＿＿＿＿＿＿＿＿＿＿＿＿＿＿＿＿＿＿＿＿＿＿＿。

2. 在上图的方框中写出设备功能键的名称。

3. 可以用汽车钣金快修工艺（免喷漆）进行面板整形修复的前提是＿＿＿＿＿＿。

4. 汽车钣金快修工艺（免喷漆）进行面板整形修复的常用的方法有＿＿＿＿＿和＿＿＿＿＿两种方法。

5. 汽车免喷漆凹陷拉拔器修复是利用＿＿＿＿＿、＿＿＿＿＿和＿＿＿＿＿等原理来实现修复的。

6. 汽车免喷漆凹陷拉拔器修复的原理是：首先利用＿＿＿＿＿的视觉效果判断凹陷的位置和程度，再应用＿＿＿＿＿按摩车身内部纤维逐步将车身凹陷处的张力释放，使凹陷恢复原状。

7. 汽车免喷漆凹陷拉拔器修复的步骤是：_____、清洁、标记损伤、熔胶、选择垫片、粘贴垫片、_____、去除粘胶、_____。

评价总结

1. 小组评价

小组评价表见表 7-2，总分 50 分。

表 7-2　小组评价表

操作项目	考核内容	评分标准	配分	扣分	得分
考核前准备	场地、设备、工具、量具及防护用品一次性备齐	根据情况酌情扣分	5 分		
操作步骤	1. 个人安全防护 2. 操作流程规范、合理 3. 工具、量具选择合适，操作力度适中，操作技能娴熟 4. 修复质量符合要求	项目未做不得分，操作方法不当扣 2 分	25 分		
文明操作	操作有序、规范	根据情况酌情扣分	5 分		
安全操作	无设备、工具、量具、人身事故	根据情况酌情扣分	10 分		
7S 管理	整理工具、清洁场地	根据情况酌情扣分	5 分		

2. 教师总体评价（总分 50 分）

任务二　车身面板整形

 任务目标

知识目标	技能目标	素养目标
1. 了解车身面板整形方式、流程及注意事项。 2. 了解车身面板整形工具及其使用方法。 3. 掌握车身面板损伤修复方法和调整作业流程。	1. 具有进行车身面板损伤修复的能力。 2. 具有检验车身面板损伤修复质量的能力。	1. 形成良好的职业素养、遵守职业道德。 2. 形成节约资源和爱护环境的理念。 3. 培养积极的人生态度、健康的心理素质。

 任务描述

现有一辆雪佛兰乐丰轿车右车门被碰撞，漆膜已被破坏，损伤区域经过车身线，如图7-16所示，需要进行面板受损修复。

 知识储备

图7-16　车门外板受损

漆膜已破坏的面板修复的基本工艺就是采用面板的手工整形和焊接工艺。在进行车身面板的整形操作时，要熟悉车身面板的性能特点，选用合理的修复工艺，掌握钣金的专用工具正确的使用方法。

一、车身面板整形方式

根据作业方式可分为：锤子与衬铁作业、整形机修复作业和收缩作业。

适用范围：锤子与衬铁作业适合于车身单层或内部容易触及的钣金件修复；整形机作业适合于内部不容易触及的钣金件修复。

面板修复前，应根据损伤部位、程度及范围，选择合理的作业方式，制订相应的流程。能否正确选择修复方式直接影响工作效率和维修质量。这两种作业方式各有优缺点，在维修过程中不是相互排斥，而是相辅相成、优势互补的。

二、钣金工具认知及使用

1. 钣金六件套

钣金六件套如图7-17所示，可根据受损位置、受损程度选择合理的锤子和衬铁。

（1）**锤子敲击**　锤子的握法如图7-18所示，握住大约锤柄四分之三位置处。以下面的两个手指为支点，当锤子从金属表面上弹回时，可以绕着支点轻微地旋转，其他的手指将锤子向下推，用手腕发力使锤子做环状运动，应垂直地敲打，并让锤子从金属表面弹回来。每两次敲击点的间距为9~12mm，直到损坏处得到修复。精整修复时敲击的要领是快速、轻敲。

（2）**锤子和衬铁配合敲击**　受损区域有拉伸区和压缩区，如图7-19所示，不可以用锤子敲打拉伸区，也不可以用衬铁敲打压缩区的内侧。

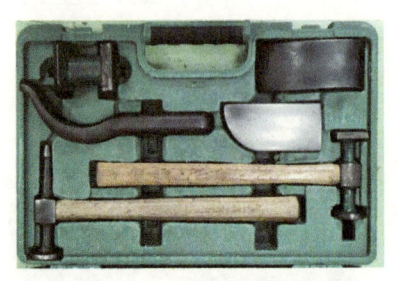

图7-17　钣金六件套

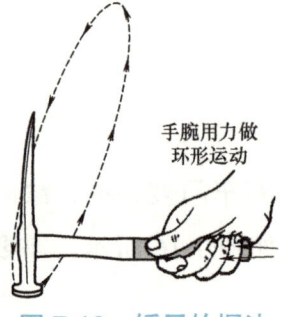

图7-18　锤子的握法

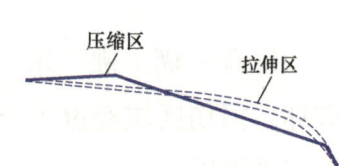

图7-19　受损区域状态

在初修整阶段，衬铁可用作冲击工具。用衬铁敲击金属的内侧高的部位（即受损区域的拉伸区），可使金属外侧低的部位升高，或者使各种折损展开。

衬铁还可以作为锤子的支撑物，将衬铁作为锤子的支撑物有两种敲击方法：锤子在衬铁上敲击法（实敲）和锤子不在衬铁上敲击法（虚敲），如图7-20所示。

锤子在衬铁上敲击修理法适用于修理较小、较浅的凹陷和折损，也可用来

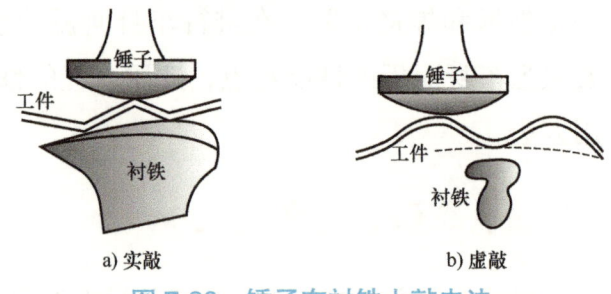

图7-20　锤子在衬铁上敲击法

延伸金属，使其恢复原来的形状。锤子不在衬铁上敲击法用来整平金属。注意：衬铁的形状必须与受损坏部位的内表面相吻合，以免使损坏加重。

2. 车身快速修复工具

根据板件整形要求把多种工具组合在一起形成车身外板快速维修组合工具，整套设备配备专业焊机及组合工具，可完成焊接、收火、拉拔等针对车身外板的钣金维修工作。车身快速修复工具由以下几个部分组成：

1)外形修复机。外形修复机具有投入成本低、操作简单、使用方便、维修效率高等优点。对车身板件上不容易使用手工工具进行操作时,选用具有电流调节性能的外形修复机,如图7-21所示。它可以很轻松地把板件上的凹陷拉起来。外形修复机可以对焊接垫圈、焊钉、螺柱、星形焊片等进行拉伸操作,还可以使用铜触头和碳棒进行收缩操作。

a) 外形修复机

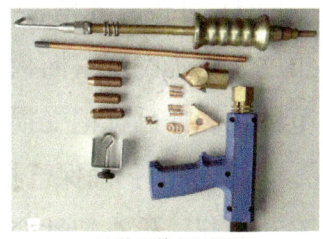
b) 外形修复机附件

图 7-21 外形修复机及附件

2)各种拉拔组合工具,如图7-22所示,可对车身外板各种损伤进行强有力的拉伸整形。

3)专用测量卡尺,如图7-23所示。

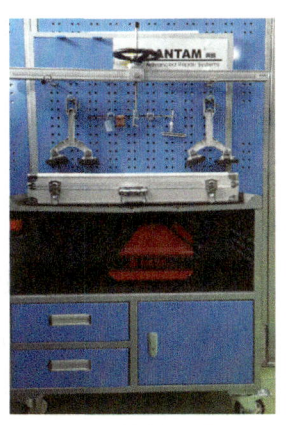

图 7-22 拉拔组合工具

图 7-23 专用测量卡尺

任务实施

一、任务准备

任务所需的设备、工具、量具及安全防护用品见表7-3。

表 7-3 任务所需的设备、工具、量具及安全防护用品清单

项目	内容
安全防护用品	工作帽、护目镜、耳罩、口罩、工作服、棉丝手套、劳保鞋、毛巾
设备及工具、量具	奔腾外形修复机、工具桌箱、钣金快修组合工具、轨道式自生成真空打磨机、气动环带打磨机、汽车钣金工具组6件套、吹尘枪、钢直尺、碳棒、门板测量专用卡尺、介质、记号笔
场地	钣喷实训中心

二、实训操作

1)穿工作服、劳保鞋,戴工作帽、棉丝手套。

2）评估受损范围。

① 目视：先清洁面板，如图 7-24 所示；再根据反射光线的扭曲程度判断，多角度、大范围观察面板表面，如图 7-25 所示，利用旧漆膜的折射光线判断损伤类型、范围，确保已标记受损部位的边缘。

② 触摸：确保已检查塑性变形、凹陷和凸起，如图 7-26 所示。评估表面上的凹陷和凸起，检查塑性变形，触摸受损和未受损表面。

 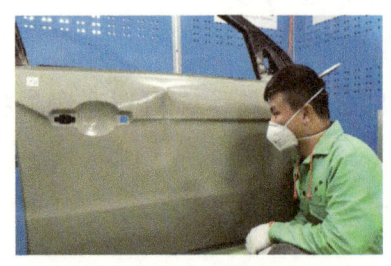 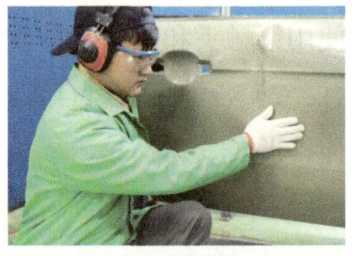

图 7-24　面板表面清洁　　　图 7-25　目测受损范围　　　图 7-26　触摸检查受损范围

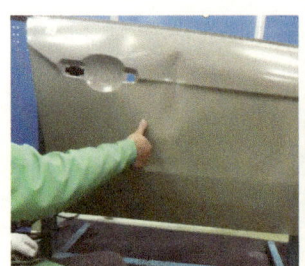 

③ 按压：确保受损表面与未受损表面的张力。方法：摘下手套，检查整个面板的张力，拇指按压，指尖变白即可，如图 7-27 所示。对比受损处与未受损处以及另一侧面板的张力变化。

④ 对比：移动钢直尺，利用空隙判断受损范围，检查凹陷周围是否有凸起。若面板受损面积较大，则使用另一侧面板做对比，如图 7-28 所示。用记号笔标注受损范围，如图 7-29 所示，确保已标记高于未受损表面的部位。

图 7-27　按压检查受损范围

图 7-28　对比检查受损范围　　　图 7-29　标记受损范围

3）修复车身线上部变形区域。维修凹陷时，将衬铁用力按压或轻敲击；维修凸起时，使其刚好支撑面板即可。

用足尖形衬铁多次敲击车门外板内侧凸出区域，同时用锤子配合错位敲击车门外板外侧凸出区域，如图 7-30 所示。直到通过触摸及目视检查车门外板表面高度与原始板面高度差不多为止。

4）修复车身线下部变形区域。

① 用足尖形衬铁多次顶出车门外板内侧、车身线下部弹性变形区域，如图 7-31 所示。

② 用足尖形衬铁多次敲击车门外板内侧、反向弧度下部凸出区域，同时用锤子配合错位敲击车门外板外侧、反向弧面下部凸出区域，直到通过触摸及目视检查车门外板表面高度与原始板面高度差不多为止，如图 7-32 所示。

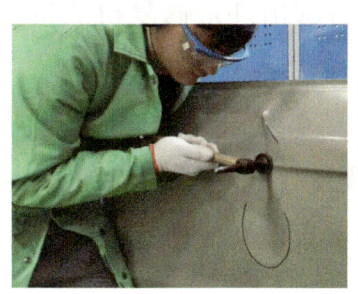
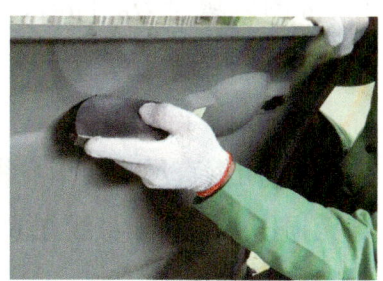

图 7-30　粗修车身线上部变形区域

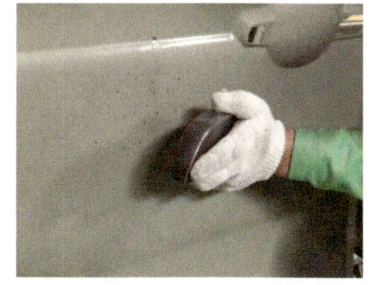

图 7-31　顶出车门外板内侧高点

图 7-32　敲击车门外板内侧

5）修复反向弧度和车身线。运用腕力利用足尖形衬铁的棱边，从车门外板内侧敲击车身线凸起区域，同时用逗号衬铁敲击车门外板车身线下的反向弧面凸起区域，直到通过触摸及目视检查车门外板表面高度与原始板面高度差不多为止，如图 7-33 所示。

6）去折痕。用足尖形衬铁与锤子实敲去除折痕，如图 7-34 所示，并配合气动环带打磨机打磨折痕，如图 7-35 所示。

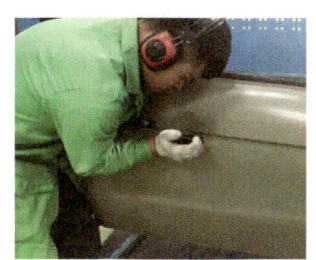
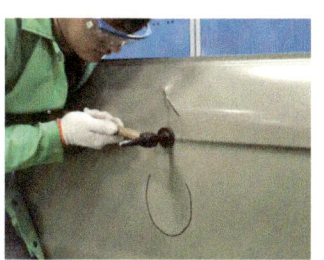

a）逗号衬铁修复　　　　b）锤子修复

图 7-33　修复反向弧度和车身线

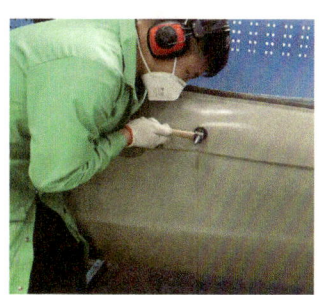

图 7-34　实敲去除折痕

7）画出修复区域。用记号笔标记修复区域，如图 7-36 所示。

8）去除旧漆层。用轨道式自生成真空打磨机配合 60#~80# 砂纸和气动环带打磨机研磨旧漆层，如图 7-37 所示。打磨时，先将打磨机轻压在车门外板上，再起动打磨机。调节单作用研磨机的角度,砂轮盘与工件应呈10°~20°角,使用砂纸外侧以内10mm的区域研磨。同时,打磨出外形修复机的搭铁区域,如图7-38所示。

9)精修车身线。

① 用钢直尺对准车身线最高点位置,使受损区域的车身线与无损伤区域的车身线在同一直线上,并使用介质片画出直线,如图7-39所示。

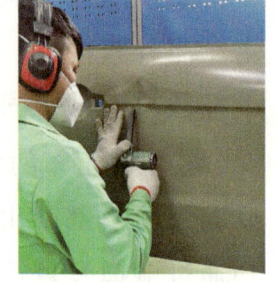

图7-35 打磨折痕

② 焊机设定:选择外形修复机上的焊接功能,调好焊接参数,保证焊接强度,且热影响范围小,如图7-40所示。连接搭铁,如图7-41所示。安装焊接接头,如图7-42所示。

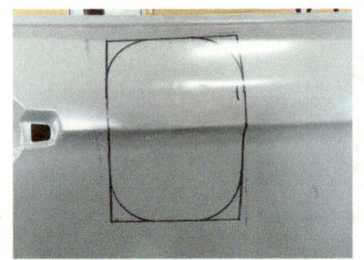

图7-36 标记修复区域

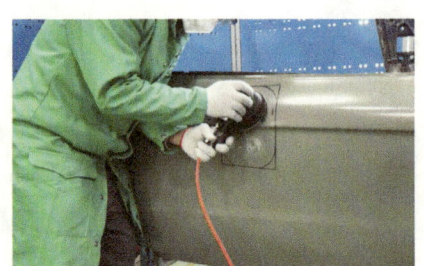

图7-37 研磨旧漆层

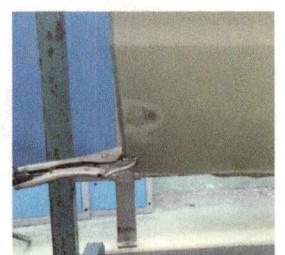

图7-38 外形修复机搭铁区域

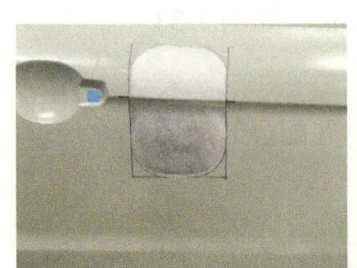 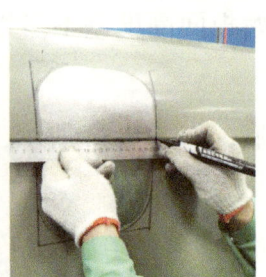

图7-39 标记车身线

a) 功能选择　　b) 参数调整

图7-40 设置焊机参数

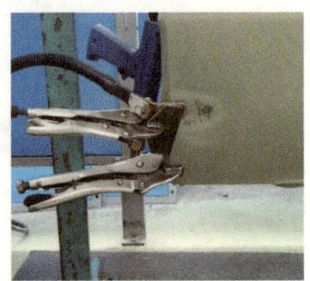

图7-41 连接搭铁

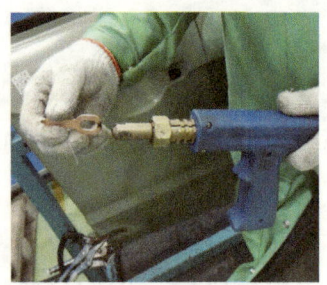

图7-42 安装焊接接头

③ 用外形修复机的焊接功能将介质片整齐地焊接在一条直线上。垫圈焊至塑性变

形最深处，适当用力按压垫圈并焊接，直线焊接垫圈，应可使拉拔杆穿过，如图7-43所示。

④ 垫圈应与表面垂直，间隔为8~10mm，如图7-44所示。

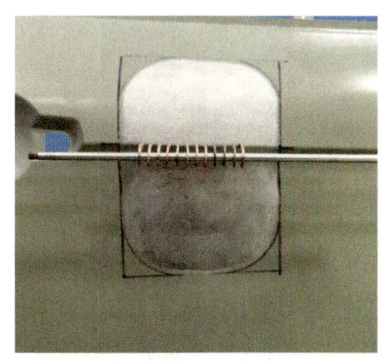
图7-43　焊接介质片

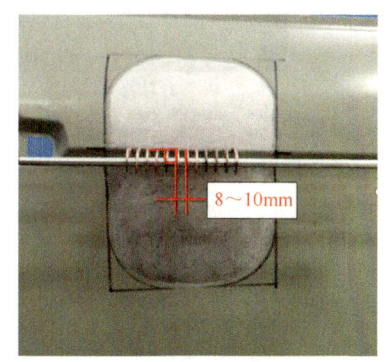
图7-44　介质片间距

⑤ 用钣金组合工具拉伸、修整车身线。拉伸时，用锤子进行板件敲击校正，直到板件凹陷修复到位为止，如图7-45所示。

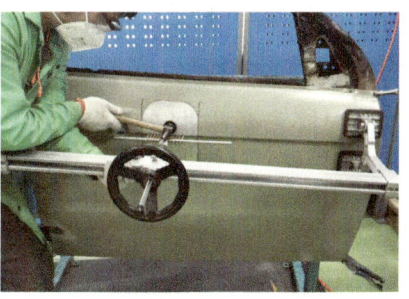
图7-45　拉伸、修整车身线

⑥ 扭转垫圈将其拆下，如图7-46所示，确保没有变形或穿孔。

⑦ 用专业卡尺测量，确保没有高于未受损车身线的部位，且低于未受损车身线不超过1mm，如图7-47所示。

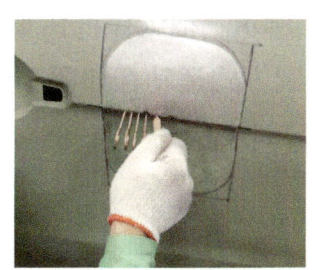
图7-46　拆卸介质片

图7-47　测量车身线

⑧ 完全清除所有焊接痕迹。

10）精修反向弧面。用锤子与逗号衬铁配合敲击，并用专用卡尺测量，如图7-48所示。确保没有高于未受损表面的部位，且低于未受损面不超过1mm。

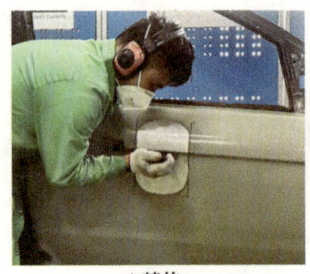
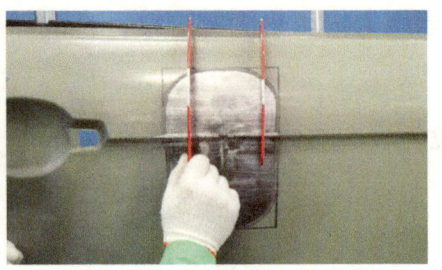

a) 精修　　　　　　　　　　b) 测量

图 7-48　精修反向弧面

a) 精修　　　　　　　　b) 测量

图 7-49　精修车身线上平面

11) 精修车身线上平面。修理上表平面的暗筋。用工字形衬铁垫在车门外板内侧，外侧使用锤子敲击衬铁的上、下面，并用专用卡尺测量，如图 7-49 所示，确保没有高于未受损表面的部位，且低于未受损面不超过 1mm。

12) 精修车身线下平面。用锤子与衬铁配合敲击，并用专用卡尺测量，确保没有高于未受损表面的部位，且低于未受损面不超过 1mm，如图 7-50 所示。

13) 使用碳棒进行精修。选择外形修复机上的碳棒加热功能，如图 7-51 所示，调好焊接参数（焊接参数根据车身板件的厚度来选择）。

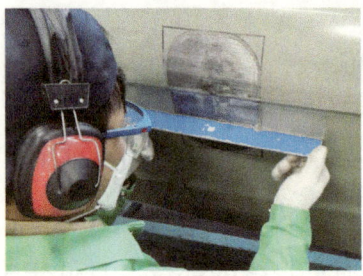
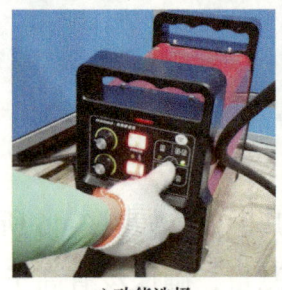
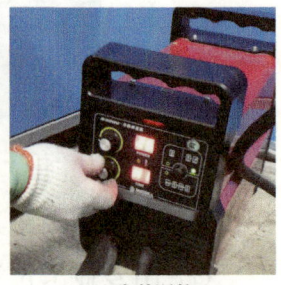

a) 精修　　　　　　　b) 测量　　　　　　　　　　a) 功能选择　　　　　　b) 参数调整

图 7-50　精修车身线下平面　　　　　　　图 7-51　调节焊机参数

安装好碳棒，如图 7-52 所示。试参数，如图 7-53 所示。把碳棒抵住车身板件，扣动扳机对碳棒进行通电加热，并使碳棒保持螺旋画圆方式运动，如图 7-54 所示。一边加热板件，一边用吹尘枪吹加热的板件，让板件冷却收缩。

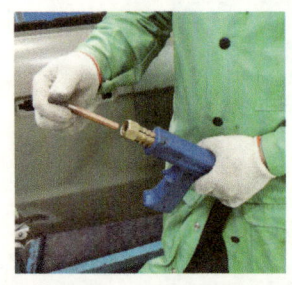
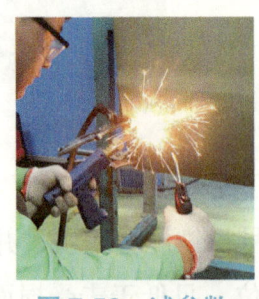
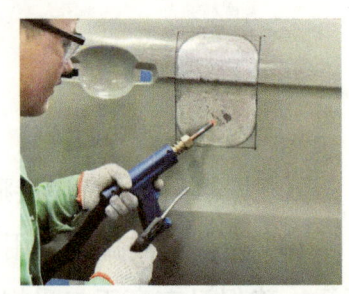

图 7-52　安装碳棒　　　　图 7-53　试参数　　　　图 7-54　碳棒螺旋画圆方式运动

14）防腐技术处理。在各维修面板背面施涂防锈剂，确保在所有焊接和烧蚀痕迹上施涂防锈剂，如图 7-55 所示。

15）6S。

① 操作完成后，将所有设备的参数归零并关闭电源。

② 整理工具和量具。

③ 清洁所有设备及工具、量具。

④ 工位清扫。

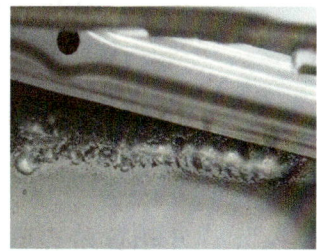

图 7-55　防腐技术处理

三、学习任务作业单

车身面板整形　任务作业单

班级：_____　**姓名：**_____　**学号：**_____　**成绩：**_____

1. 写出下图中设备的名称：_____。

2. 在上图的方框中写出设备功能键的名称。

3. 整形方式根据作业方式可分为_____作业、_____作业和_____作业。

4. 衬铁作为锤子的支撑物有两种敲击方法：_____和_____。

5. 打磨时，先将打磨机轻压在车门外板上，再_____打磨机。调节单作用研磨机的角度，使用砂纸外侧以内 10mm 的区域研磨。

6. 采用组合工具修复筋线时，垫圈与表面_____，间隔为_____mm。

7. 拆卸垫圈采用的方法是_____。

8. 使用碳棒进行精修的方法是对碳棒进行通电加热，使用_____形式进行收火，一边加热板件，一边用吹尘枪吹加热的板件，让板件冷却收缩。

9. 修复后的表面板面高度不得_____原表面高度，不得_____原表面高度 1mm。

10. 面板整形的步骤：安全防护、清洁面板、_____、粗修、_____、参数调节、精修、检测。

评价总结

1. 小组评价

小组评价表见表 7-4，总分 50 分。

表 7-4　小组评价表

操作项目	考核内容	评分标准	配分	扣分	得分
考核前准备	场地、设备、工具、量具及防护用品一次性备齐	根据情况酌情扣分	5 分		
操作步骤	1. 个人安全防护 2. 操作流程规范、合理 3. 工具、量具选择合适，操作力度适中，操作技能娴熟 4. 修复质量符合要求	项目未做不得分，操作方法不当扣 2 分	25 分		
文明操作	操作有序、规范	根据情况酌情扣分	5 分		
安全操作	无设备、工量具、人身事故	根据情况酌情扣分	10 分		
7S 管理	整理工具、清洁场地	根据情况酌情扣分	5 分		

2. 教师总体评价（总分 50 分）

项目习题

一、判断题

1. 热收缩处理后，板件背面的防腐层会被破坏，防腐处理是必不可少的。（　　）
2. 对于受损金属而言，低于正常高度的损坏区称为拉伸区，而任何超过原高度的损坏区称为压缩区。（　　）

3. 使用衬铁时，衬铁的表面应和加工金属表面相配合。（   ）

4. 对金属板进行收缩时，可以使用锤子在衬铁上的敲击法。（   ）

5. 在用外形修复机焊接时，要把垫圈紧紧压到板件上才能焊住。（   ）

二、单项选择题

1. 使用砂轮机时，砂轮盘与工件应呈（   ）角。

   A. 10°~20°　　　　　　　B. 20°~30°　　　　　　　C. 30°~40°

2. 使用锤子敲打时应垂直敲击，两个落点的距离是（   ）。

   A. 5 mm　　　　　　　　B. 10 mm　　　　　　　　C. 20 mm

3. 锤子在衬铁上敲击法和锤子不在衬铁上敲击法对金属的影响是（   ）。

   A. 前者拉伸金属，后者整平金属

   B. 前者整平金属，后者拉伸金属

   C. 两者都是拉伸金属

4. 对板件进行热收缩时，要先从（   ）开始。

   A. 最高点位置　　　　　　B. 中间位置　　　　　　　C. 最低点位置

5. 使用微钣金工具对微小凹痕进行修复时，操作错误的是（   ）。

   A. 修复时的力量要准确、有力

   B. 修复好的部位放一些打磨膏抛光

   C. 锤子轻敲凹陷部位，动作要轻柔

三、多项选择题

1. 使用外形修复机焊接垫圈时，焊接不牢固，造成的原因可能是（   ）。

   A. 板件太厚　　　　　　　B. 电流太小

   C. 板件不干净　　　　　　D. 垫圈不干净

2. 下面叙述正确的是（   ）。

   A. 平坦锤面的锤子适用于平坦的或低拱起的金属表面

   B. 精整锤用于精整修复

   C. 锤子的平面应该与金属板的平面一致

   D. 精整修复时敲击的要领是快速、轻敲

3. 板件上受到拉伸的部位修理时，可以使用的工具有（   ）。

   A. 衬铁　　　　　　　　　B. 匙形铁或锤子

   C. 整形锉　　　　　　　　D. 橡胶锤

项目八　车身测量及校正

 项目描述

维修厂现有一辆发生大型交通事故车辆，车身发生变形，需要进行修复作业。需要实施哪些维修作业才能使车身恢复到原始状态呢？本项目主要围绕受损车身测量、校正进行学习和训练。

任务一　车身测量

 任务目标

知识目标	技能目标	素养目标
1. 掌握车身测量各类型系统的基础知识。 2. 掌握常用车身测量系统的应用知识。	1. 具有操作使用车身机械测量系统的能力。 2. 具有操作使用车身电子测量系统的能力。	1. 培养规范、安全的职业习惯。 2. 树立认真、严谨的工作作风。

 任务描述

维修厂现有一辆发生大型交通事故的车辆，如图 8-1 所示，首先需要进行车身测量作业，为后续的维修作业提供参考和依据。若让你进行车身的测量作业，你将如何操作实施呢？

图 8-1　交通事故车辆

知识储备

一、车身测量概述

交通事故中，碰撞导致车身变形之后，车身整体定位参数发生变化，对行驶性、稳定性、平顺性、安全性等都产生至关重要的影响。因此，修复的车辆能否安全地重新上路，是广大车主和社会十分关注的问题。

以整体定位参数为表征的电子测量，一方面可以用于对车身技术状况的诊断，另一方面可以用于指导钣金结构件位移点的维修。车身电子测量是事故车车身维修的首要环节，是汽车维修的基础。

二、车身测量系统类型

在修理作业中，常用的车身测量系统分为机械式测量系统与电子测量系统。

（一）机械式测量系统

机械式车身测量系统大致可分为3种基本类型：常规测量系统、专用测量系统和通用测量系统。

1. 常规测量系统

在修理作业当中，常用的常规测量系统工具有直尺、卷尺和轨道式量规。这几种工具都可以测量两个测点之间的距离。卷尺如图8-2所示，测量如图8-3所示。

图8-2 卷尺

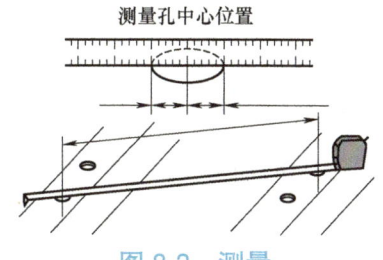
图8-3 测量

如果两个测量点之间有障碍，用直尺和卷尺测量两点之间的距离将会导致测量不准确，这就需要使用轨道式量规。

轨道式量规一次只能测量一对测量点，得到一个测量尺寸后，记录下每一个测量点的尺寸，与另外两个控制点进行交叉测量对比，并至少一个为对角线测量。测量中悬架和机械元件上的焊点及测量孔等为轨道式测量的最佳位置，它们对于部件的对中准确具有至关重要的作用。在修理汽车车身时，对关键控制点，必须用轨道式量规反复测定并记录，以便监测维修程度，以防止过度拉伸修理。

在汽车车身构造中，大多数的控制点实际上都是孔，而测量尺寸一般是中心点至中心点的距离，如图8-4所示。对于孔径不同及孔类型不同的中心距离测量，先测量两孔内缘间距，再测得两孔外缘间距，最后将两次测量结果相加再除以2即可，如图8-5所示。除此之外，轨道式量规还可以对车身下部及车身侧面尺寸进行测量。

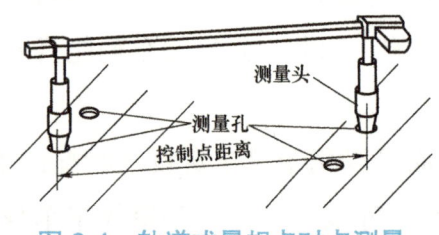

图8-4 轨道式量规点对点测量

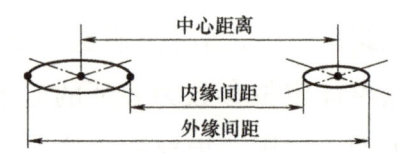

图8-5 孔径不同的中心距离测量

轨道式量规测量时的注意事项：

① 汽车上固定点有螺栓、孔等，其测量位置是中心。

② 点到点测量距离为两点间的直线距离。

③ 测量时，维修人员必须使用与车身表述的数据一致的测量方法，否则，很容易进行错误的测量。

2. 专用测量系统

专用测量系统是通过对汽车车身特定的位置使用专用测量头进行固定配合测定测量车身变形的专用工具系统。在车身变形后，可以通过车身上每个主要控制测量点与它专用的测量头的配合情况来确定测量点的数据是否变化。主要测量控制点的位置与专用测量头完全配合时，测量点的尺寸已经恢复到位。它与其他测量系统的不同在于不需要在测量出具体数据并与标准数据对比后才能知道尺寸是否正确，只需检查控制点与测量头是否配合便可以判断车身是否变形。

一套标准的测量头由4~25个既可单独使用，又可一起使用的专用测量头组成。很多测量头既可以与固定不动的机械部件结合使用，也可以和能够移动的部件结合使用。一套测量头一般可用来测量同一型号车身类型的汽车。

（1）专用测量头的功能

① 能够通过视觉确定出应该进行检测的测量控制点。如果测量控制点与专用测量头不相配合，就必须对其进行校正。

② 可以同时对所有的控制点进行测定，而不需进行具体的测量。在所有的控制点都校正准确之后，汽车上的转向系统、悬架、发动机装置等就在正确的位置了。

③ 做进一步的校正后，使受损部件调整到正确位置，它们就会与测量头正好吻合，这样就打破了用中心量规、轨道式量规或通用测量系统必须遵照的测量顺序。

④ 专用测量头测量系统可保证在对零部件进行焊接之前的定位。专用测量头的

特点是专用性,针对每一款汽车有一套测量头,可以快速、精确地修复车身;如果需要修理其他种类的车身,需要配备另外的专用测量头,这限制了它的应用范围。

(2)专用测量头测量的方法　在整体式车身上,对车身下部钢板和撑杆支柱总成进行校正,其工作顺序如下:

① 将车身下部钢梁钢板固定在定位器上。

② 将撑杆支柱钢板安置并固定在钢梁上。

③ 将钢板钢梁焊接在正确的位置上。

3. 通用测量系统

在现代的车身修理中,通用测量系统以米桥式通用测量系统和门式通用测量系统使用最为广泛。米桥式通用测量系统如图 8-6 所示。门式通用测量系统如图 8-7 所示。这些系统能够同时测量所有基准点,能使某些部分测量工作变得更容易,并且更加精准。但是,它对修理人员的熟练操作程度要求比较高。

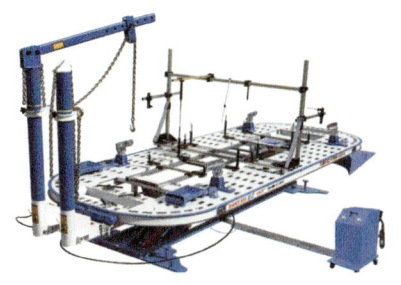

图 8-6　米桥式通用测量系统

图 8-7　门式通用测量系统

在测量时,要将通用测量系统围绕车辆移动,不仅能检查车辆所有基准点,而且能快速地确定车辆上的每个基准点的位置。如果车辆上的基准点与标准数据图上的位置不一致,则车辆上的基准点可能发生了位移变形。正确地安装测量系统的各个部件,用测量头来测量基准点,如果测量头不在正确的基准点位置,则车辆尺寸是不准确的。必须要先将不在正确位置的基准点恢复到事故前的标准值,才能对其他点进行测量。

(二)电子测量系统

电子测量系统是使用计算机与专门的电子传感器来迅速、便捷地测量车身结构的尺寸,从而判断车身损坏情况的一种测量系统。常用的电子测量系统有自由臂电子测量系统、超声波电子测量系统、激光测量系统等。

1. 自由臂电子测量系统

自由臂电子测量系统是由一节一节可以转动的关节连接,每两个臂之间可以在一个平面内 360° 转动,多个臂转动可以实现空间三维的移动,可以移动到空间的任一位置。自由臂电子测量系统结构如图 8-8 所示。

(1) 自由臂电子测量系统的优点　自由臂电子测量系统在测量时，计算机会自动计算出自由臂端部到达空间位置的三维数据尺寸，因此，电子测量系统具备很多优点。

1）可以测量车身任一点的三维参数和零部件。

2）可以装在机柜上单独作为测量仪器使用，所以移动、操作非常方便，不受车间位置的限制。

3）加配四轮定位软件，即是不使用升降机、轮胎固定钳和测量头就可以对汽车进行四轮定位的仪器。

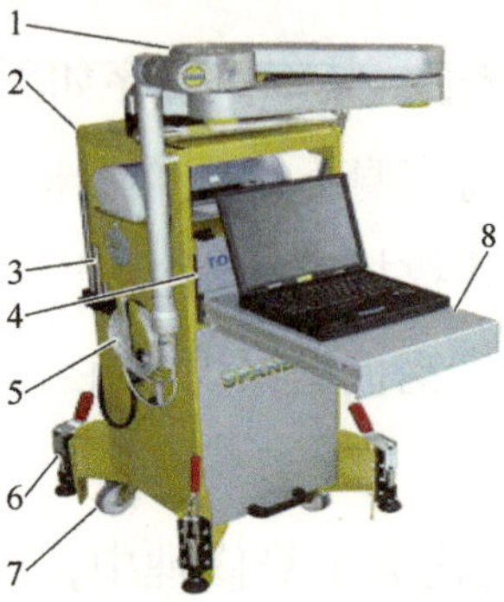

图 8-8　自由臂电子测量系统结构
1—随动拉伸固定装置　2—整体臂式测量尺
3—无线蓝牙传输装置　4—测量加长臂尺
5—可移动可固定式机柜　6—PC 机（手提式笔记）
7—打印机　8—测量头

(2) 自由臂电子测量系统的功能

1）任意空间点三维坐标的测量和空间两个点的直线距离检测。

2）空间两条线夹角的检测和空间两个平面夹角的检测。

3）台式计算机和笔记本计算机均可与测量仪配用。

4）车辆停在平地上便可进行四轮定位检测。

5）在电源或电池动力下均可正常工作。

6）所有检测项目均可出示彩色图表报告和通过网络连接进行数据传输。

7）可以对客户的维修检测质料进行存储，便于进行维修前、后的对比。

8）可以对底盘车身各点准确地进行三维数据测量，并自动与原厂车身数据进行对比，明确误差。

9）可以诊断测量机械零配件，如元宝梁、减振器、轮毂、摆臂等。

10）使用蓝牙功能传输数据可使计算机与测量臂分离，更方便于在狭小空间进行检测。

(3) 操作步骤　自由臂电子测量系统大多数是全中文界面显示，操作简单、方便。其具体操作步骤如下：

首先分别打开 PC 主机、打印机与计算机 / 自由臂主机，然后单击计算机桌面测量软件文件名重复移动测量臂，待 5 栏的红灯全部变成绿色后，进入系统测量软件，点新建（填完整相关信息）→"前"→选择探针→标定（4 个基准点）→测量（找到相应测量点）→特点（保存数值）→打印→完成。

2. 超声波电子测量系统

超声波电子测量系统是目前应用最广泛的一种测量系统，它具有精度高（可

达 ±1mm）、稳定性好、测量准确、操作简便、可以实时测量监控等优点。

超声波电子测量系统的测量原理是将发射器测量头及测量头转换器安装到车身某一控制点的测量孔上，通过接收器装置接收来自安装在测量头的发射器发射的超声波数据，测量系统根据每个接收器的超声波数据自动计算出每个测量点的三维数据，实现自动测量。

（1）超声波电子测量系统的组成　超声波电子测量系统由超声波发射器、超声波接收器、控制柜（包括计算机主机）和各种测量头组成。

发射器如图 8-9 所示。发射器安装在测量头或测量头转换器上，通过测量点发射器发送超声波到接收器，接收器可快速、精确地测量声波在车架上不同基准点之间传播所用的时间。

接收器如图 8-10 所示。接收器在测量横梁上，用于接收发射器发射的声波，为测量系统计算机自动计算出每个测量点的三维数据提供支持。

图 8-9　发射器

控制柜如图 8-11 所示。控制柜主要包括计算机主机、显示器、信号放大器等。计算机测量系统主要用于存储车身数据，通过操作系统，实现接收器接收数据的自动计算并显示。

测量头套装如图 8-12 所示。测量头套装主要包括测量头、适配器、转换器、磁性连接杆等。

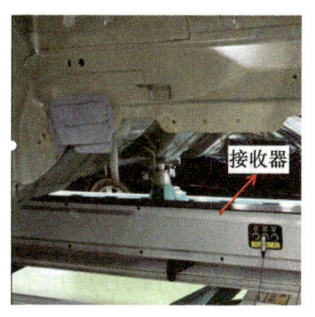  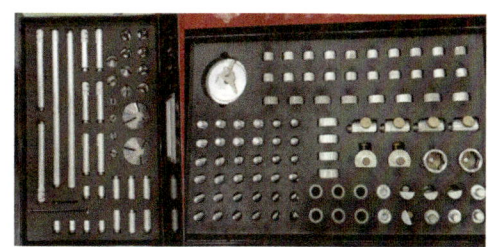

图 8-10　接收器　　　　　图 8-11　控制柜　　　　　图 8-12　测量头

（2）超声波电子测量系统的操作步骤　系统或设备的正确操作是快速测量的重要基础，奔腾 shark3 超声波测量系统操作步骤如下：

1）开机后，系统将直接进入语言选择界面，选择对应语言为中文或按键盘 1，如图 8-13 所示。

2）单击图标进入下一界面，此界面为系统运行过渡界面，如图 8-14 所示。

3）单击 F1 进入工单信息界面，如图 8-15 所示。工单信息界面用于新客户信息填写，如是老客户可直接从客户列表中选取。

4）详细填写工单后会自动弹出车辆选择。选择对应的车型，根据车型在右侧选择车型中国款，如图8-16所示。

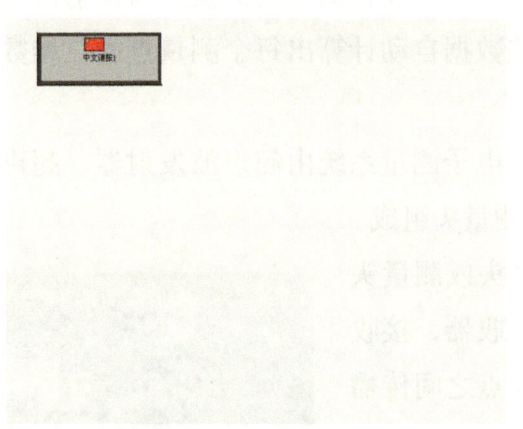

图8-13　语言选择界面

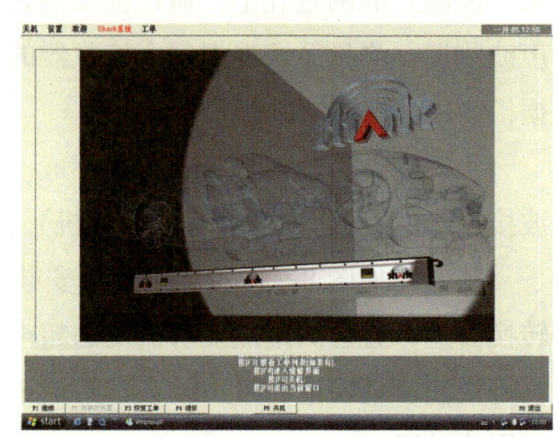

图8-14　系统运行过渡界面

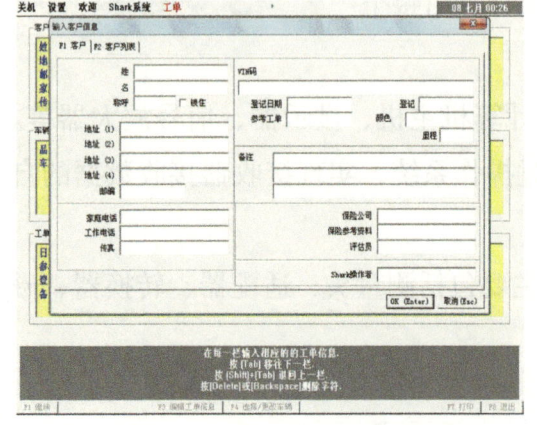

图8-15　工单信息界面

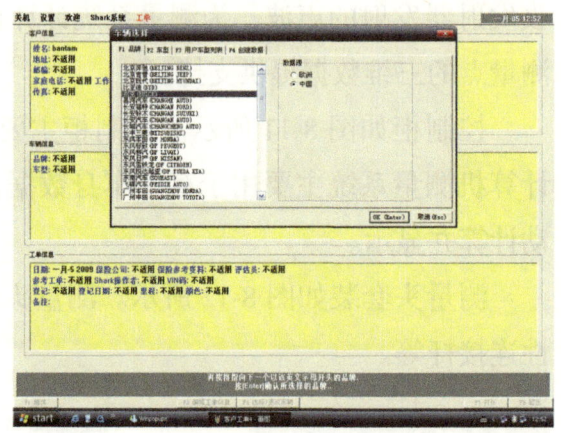

图8-16　车型选择

5）选对车型后单击OK键进入工单修改界面。如果工单客户信息有误，可单击F3修改；如果车型有误，可单击F4修改，如图8-17所示。

6）确认无误后，单击F1进入基准点建立界面，如图8-18所示。首先要选择2个基准点，一般情况下选择点A作为测量的基准点，如果点A出现损坏需选用没受损的点B作为基准来修复点A，再以点A作为基准点。根据对话框附件的选用，在车辆相应的点上挂上附件及发射器。

7）单击OK键进入参考点建立界面，如图8-19所示。参考点一般为点B，在基准点与参考点中有一个点是作为参考点对基准面进行验证的，基准点、参考点选择无误后，对其他测量点进行测量。

8）单击OK键进入测量点建立界面，如图8-20所示。选择需要测量的点，按照系统要求选择相应的连接装备及测量探头。

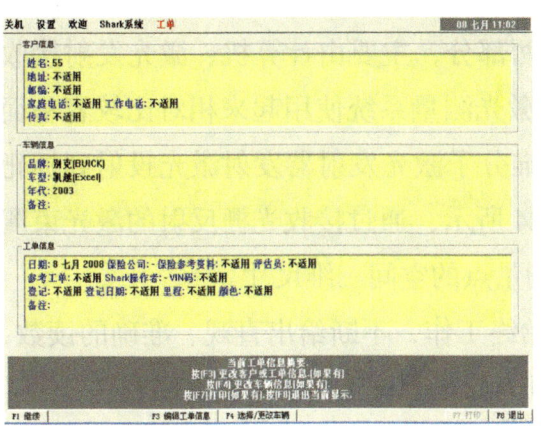

图 8-17　工单修改界面

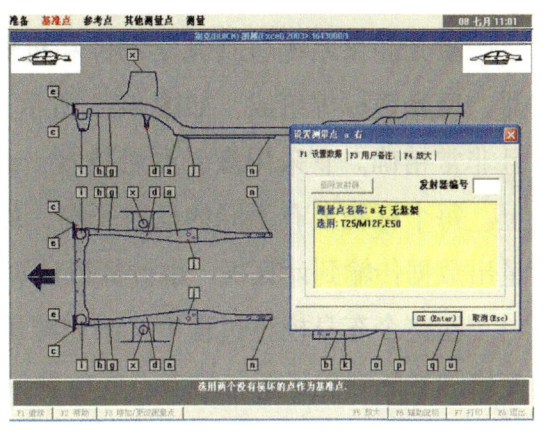

图 8-18　基准点建立界面

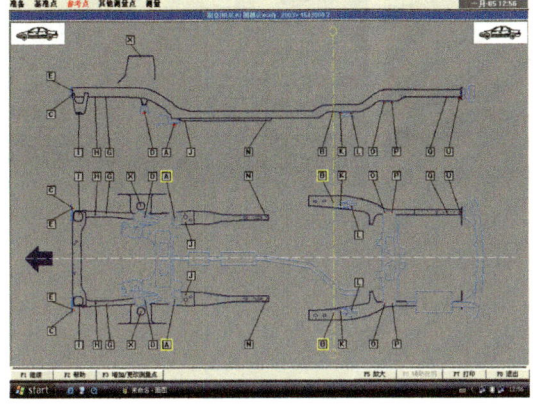

图 8-19　参考点建立界面

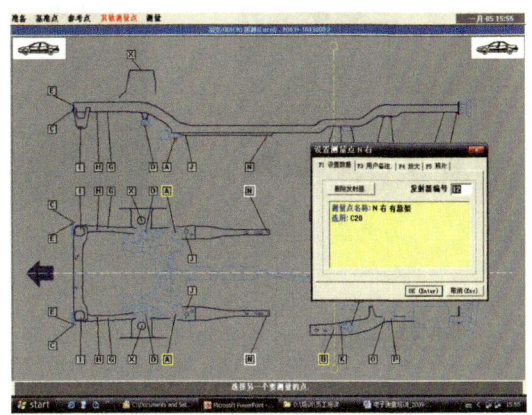

图 8-20　测量点建立界面

9）测量点建立无误后，单击 F1 进入测量点测量界面，如图 8-21 所示。

10）测量完成后，单击 F7 进入打印界面，如图 8-22 所示。在打印界面，可根据需要打印相应的结果。

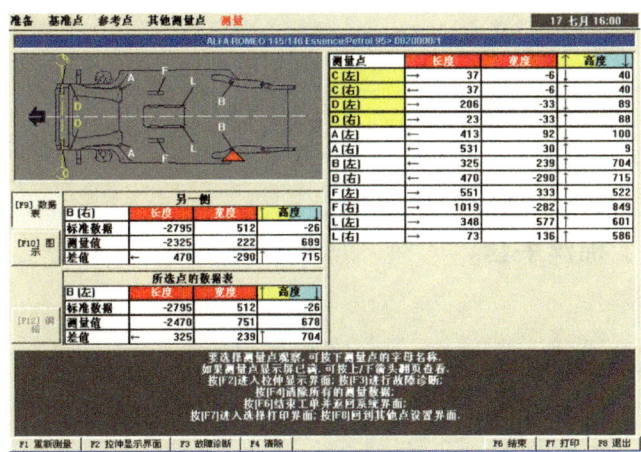

图 8-21　测量界面

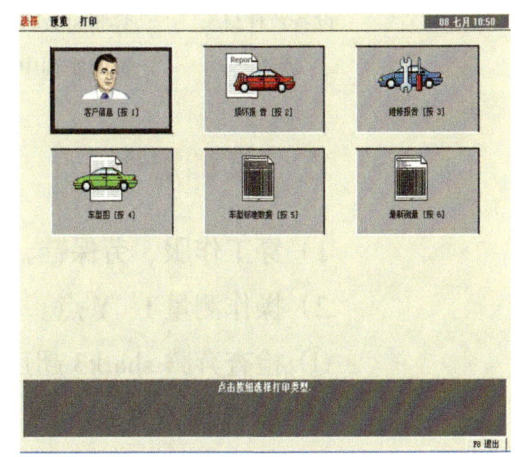

图 8-22　打印界面

3. 激光测量系统

激光测量系统包括光学部件和机械部件两部分,主要由计算机、激光发射接收器、反光镜标等组成,如图 8-23 所示。现代激光测量系统使用起来相对比较容易而且非常精确。它采用激光测量技术,由两个准分子激光发射器发射激光投射到标靶上。每个标靶上有不同的反射光栅,如图 8-24 所示,通过接收光栅反射的激光束测量出数据传输到计算机,由计算机计算得到测量点的空间三维尺寸。

在整个车身校正过程中,激光测量系统始终工作,不断给出直观、准确的读数,使修理者随时能了解各参考点的位置偏差,可为校正车身工作带来极大便利。

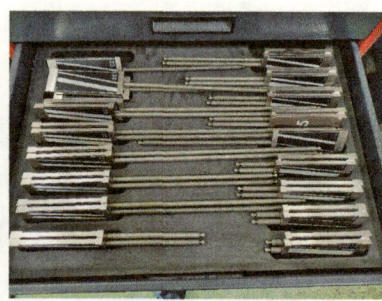

图 8-23 激光发射接收器   图 8-24 激光测量系统标靶

任务实施

一、任务准备

任务所需的资料、设备、工具及安全防护用品见表 8-1。

表 8-1 任务所需的资料、设备、工具及安全防护用品清单

项目	内容
安全防护用品	工作服、安全帽、护目镜、耳罩、棉丝手套、焊接手套、劳保鞋、毛巾
设备及耗材	奔腾 shark3 超声波测量系统
场地	钣喷实训中心

二、实训操作

1)穿工作服、劳保鞋,戴安全帽、棉丝手套。

2)操作测量 I、Y 点。

① 检查奔腾 shark3 超声波测量系统状态。

② 在界面双击 shark3 系统软件,按照 shark3 超声波测量系统操作步骤对 I、Y 点进行测量并记录数据,记录在学习任务作业单的表 8-2 中。

③ 通过测量结果分析,在数据记录表下端做出校正判断。

三、学习任务作业单

<u>车身测量</u> 任务作业单

班级：_____ 姓名：_____ 学号：_____ 成绩：_____

根据学校实训设备及教师的作业要求，使用奔腾 shark3 超声波测量系统或激光测量系统测量实训车架上 2 对测量点并记录数据。

表 8-2 测量数据表

测量点		长度测量值	宽度测量值	高度测量值
A 点（基准点）	右侧			
	左侧			
B 点（参考点）	右侧			
	左侧			
____点	右侧			
	左侧			
____点	右侧			
	左侧			
____点	右侧			
	左侧			
____点	右侧			
	左侧			

学生签字：_____ 教师签字：_____

评价总结

1. 小组评价

小组评价表见表 8-3，总分 50 分。

表 8-3 小组评价表

操作项目	考核内容	评分标准	配分	扣分	得分
考核前准备	作业服装整齐，防护齐备，一次性备齐所需工具	根据情况酌情扣分	5 分		
操作步骤	1. 个人安全防护 2. 操作流程规范、合理 3. 测量点准确、操作技能娴熟 4. 记录结果	项目未做不得分，操作方法不当扣 2 分	25 分		
文明操作	操作有序、规范	根据情况酌情扣分	5 分		
安全操作	无机具、人身事故	根据情况酌情扣分	10 分		
7S 管理	整理工具、清洁场地	根据情况酌情扣分	5 分		

2. 教师总体评价（总分 50 分）

任务二　车身校正

任务目标

知识目标	技能目标	素养目标
1. 掌握车身校正的基本原理。 2. 掌握常用车身校正设备的基本知识。 3. 掌握正确、规范使用车身校正系统的安全知识。	1. 具有规范操作使用常用校正设备的能力。 2. 具有保养常用校正设备的能力。	1. 培养规范、安全、环保的良好职业习惯。 2. 培养精益求精的良好职业道德品质。

任务描述

某 4S 店现有一辆发生大型交通事故的车辆，需要进行车身校正作业，现已完成车身测量，请依据车身测量数据进行校正作业。你将如何操作实施呢？

一、车身校正概述

车身校正是将撞击时储存在车身上的变形（塑性变形）和残余应力（弹性变形）去除的一个过程。这个过程也称为底盘拉直，因为它可以将弯曲的车身拉直。车身校正的过程需要使用能精确测量尺寸的车身校正台，它能将车身固定稳固，然后精确地拉拔车身。

钣金修复不只是为了恢复外形，更重要的是使整个车身壳体恢复到撞击前的状态，以保证修复过的汽车不因为车身修复而出现"二次事故"；这些必须应用先进的设备，进行规范作业，严把质量关，以满足车身维修作业高标准、高质量的要求。

车辆受到严重撞击后，车身的外盖件和结构件钢板都会发生变形，车身外覆盖件的损伤可用锤子、衬铁和外形修复机来修理，但车身结构件的损伤修理仅仅使用这些工具是无法实现的。车架式车身的车架和整体式车身的结构件非常坚固，强度非常高，这些部件的变形必须利用车身校正设备巨大的液压力才能够进行修复操作。车身校正的重点是"精确地恢复车身的尺寸与状态"。

二、车身校正的基本原理

在车身校正时，消除碰撞造成的车身和车架上的变形和应力是非常重要的。由于碰撞具有变形应力集中现象，所以并不是所有的变形部件都可以校正后再继续使用的，如变形后内部的应力较大的高强度和超高强度部件，其变形应力使用常规的方法是无法完全消除的，这种部件就不能校正而需要更换。

对于可通过拉伸校正实现修复的部件，可根据零部件形状选用相应的拉伸紧固夹具或钣金工具紧固，再通过操作校正液压系统推动塔柱向上移动来拉伸零部件损伤部位进行复位，从而实现校正修复的目的。

校正（拉伸）车身有个基本原则，即在损伤区施加与碰撞相反方向的拉伸力。当损伤较单一、碰撞很小时，这种方法很有效。

确定施力方向后，把校正设备安放在使施力方向与凹痕相垂直的位置。拉伸中改变拉力方向的一种方法是把拉力分解为两个或多个方向的力。

拉伸力只加在一个点上，不能取得很好的修复效果，所以建议同时在不同的点上施加拉力。

把力加在与变形相反的方向可以看作是确定有效拉力方向的原则。

三、车身校正设备

1. 校正设备的技术要求

对于半车架或车架式车身，如果车架结构已经过必需的校正，一般而言悬架系统和动力系统也已被校正。但是对整体式车身的汽车，车身是一个整体结构，一些校正参考点位于车身结构的上部，超过了一般的两维车架校正设备的能力范围。另外，车架式结构可以接受反复试验的拉拔过程，而整体式车身的薄板结构要求第一次就调整好拉拔装置。对于整体式车身的修复，其校正设备必须能同时显示每一个参考点上非准直度的大小和非准直度的方向。即要求校正设备除了具备全方位的拉伸功能外，还要配备一套能实时测量的精确的三维测量系统，以便能够实时控制、指导整个校正过程,并能精确地确定拉伸校正次序,从而判断每个拉力的作业效果,进一步达到精准修复的目的。

2. 地框式校正系统

地框式校正系统俗称"地八卦"。这种系统是利用平整结实的地面,埋入一组带有 T 形槽的轨道钢件作为校正时推力和拉力的支撑点,如图 8-25 所示。使用时,将车身置于特制的安全脚架上,将脚架调整至最便于接近车身损伤的部位,再用地锚和铁链将其固定在地面。

地框式校正系统校正拉伸操作中配有手动或气动液压泵,并且还应配有一些液压顶杆(液压油缸)。用一根链条把顶杆连在汽车和支架上,通过支架把顶杆和链条支承在槽架上;利用支承夹钳将汽车支承在汽车台架上;车辆要安全地紧固在支座的夹具上,链条一端连在支承夹具上,另一端钩住支架或轨道板,用链条拉紧器拉紧(链条拉紧器可以消除支承链的间隙)。一般在车身下部的 4 个位置都要进行这样的固定,确保车辆在校正拉伸中保持稳定。

在拉伸时,需将液压顶杆装在顶杆座上,以便液压顶杆能够在需要的方向上升。液压顶杆升到需要的高度,把链条拉紧并锁紧链条,链条钩在支架上。支架、液压顶杆及汽车上的拉伸点必须与牵拉方向在一条直线上。将液压泵与液压顶杆连接,并把空气软管连接到气动液压泵上,起动液压泵,使链条拉紧。接下来,就可以进行牵拉校正了。

这种校正系统成本低、使用比较灵活、操作简单、节省空间,在国内被很多小型修理厂广泛使用,大型修理厂及品牌经销商通常选择使用作业效率高、校正效果好的台架式校正系统。

3. 框架式校正系统

框架式校正系统如图 8-26 所示。它与车身制造的原理相符合,根据车身主要控制点尺寸制造了专用的测量头,使用专用测量头可以快速地把车身变形点拉伸到标准位置,达到修复的目的。如果没有专用测量头,必须配备通用测量系统才能使用。

图 8-25 地框式校正系统

图 8-26 框架式校正系统

框架式校正系统的主要特点是：

1）具有供车身固定的可以进行升降的专用平台或框架，利于车身校正修复工作，车身依据标准工序在固定后无须再次调整水平，台架的工作面即为水平标准面。

2）配备可以围绕工作平台全方位进行安装的拉塔，能实现对车身任意方向的拉伸。

3）配有整套专用于车身固定和拉伸使用的夹具，能适应车身各种位置及形状的拉伸修复工作。

4）装备有与工作台配合使用的测量系统，可以快速、准确、方便地测量车身尺寸变化，指导校正工作，提高校正精度。

这种校正仪最大的优点和缺点都是专用性强，因现代车辆车型具有多样性，使用这种校正仪，则车型的专用测量头要随之变化，维修成本会随之增加。所以，现在校正修理中越来越多地应用通用型车辆校正设备。

框架式校正系统可依据模具头是专用还是通用分为专用型框架式校正系统和通用型框架式校正系统。

4. 平台式校正系统

平台式校正系统是一款通用型的车身校正系统，可以对各类型的车身进行有效校正。平台式车身校正系统配有两个或多个塔柱，可绕平台自由转动到任何角度进行任意方向的拉伸作业，平台一般配有液压倾斜或整体升降装置，利用拉车器可以将车辆拉上平台进行作业。

平台式校正系统主要由校正平台、升降系统、主夹具、液压系统、塔柱拉伸系统、钣金工具组成。

（1）校正平台　如图 8-27 所示，它是车身校正修复的主要平台，拉伸校正、测量等修复工作都在平台上完成。

（2）升降系统　如图 8-28 所示，在维修车辆放置在平台上后，可通过升降系统把平台升到合适的工作高度以便于维修作业。

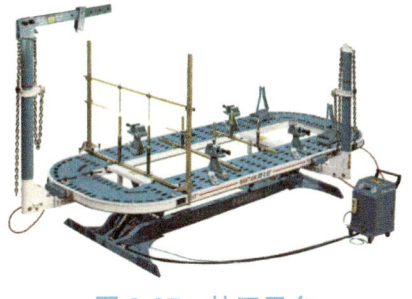

图 8-27　校正平台

（3）主夹具　维修车辆放置在平台上后，通过固定在平台上的主夹具夹紧固定车辆，保证车辆在校正维修过程中不能移动。为了满足不同车辆的固定位置需要，主夹具的类型有多种，如图 8-29 所示。

（4）液压系统　如图 8-30 所示，一般有气动液压系统和电动液压系统。液压系统有控制平台升降及塔柱拉伸两个功能。车身校正修复工作是控制液压系统的液压力使塔柱升降来拉伸变形钣金件实现拉伸修复的。

图 8-28 升降系统

图 8-29 主夹具类型

(5) 塔柱拉伸系统　塔柱拉伸系统如图 8-31 所示。车身校正修复的拉伸操作是通过塔柱拉伸系统来实现的。塔柱拉伸系统工作过程为：按下液压系统控制按钮后，液压系统控制主机液压油作用在塔柱活塞上，活塞推动塔柱的顶杆向上移动，顶杆拉动链条移动，从而实现拉伸、校正。

(6) 钣金工具　大梁校正钣金工具有小夹钳、剪式夹钳、C 形夹钳、下拉装置、箱式夹钳、快速拉板、链条缩短器、深拉钩、迷你夹钳、扁嘴夹钳、尼龙拉带、链条连接器、构造圆钢钩体拉环、直角万向夹钳、掌型夹钳、单链耙、避震盘、链条钩板、大弯钩、长链条等 20 余种，如图 8-32 所示。拉伸钣金工具包括各种专门对车身各个部位进行拉伸的夹持工具。

图 8-30 液压系统

图 8-31 塔柱拉伸系统

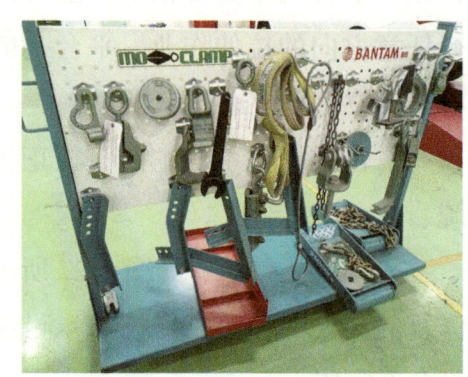
图 8-32 大梁校正钣金工具

四、车身校正系统的使用

1. 校正系统操作使用注意事项

(1) 操作前检查

1) 操作设备前应清理场地，平台及周边不能堆放杂物，整理油、气管路，防止操作时挤压管路。

2) 检查油、气管路各接头是否连接好，管路是否有破损。如有破损，应及时更换，严禁使用。

3）检查塔柱滚动滑轮固定螺栓是否松动，若有松动必须及时拧紧，以免塔柱滑落造成人员、物品损伤。

（2）上、下车辆操作规程

1）平台升降时设备附件严禁站人，车辆上、下时必须有人在旁边引导，车辆应停靠在平台指定位置。

2）平台升降时应操作平稳，平台轮腿油缸无节流阀时，严禁全开油泵泄压阀。

3）起降平台时，塔柱固定在平台另一端，防止滑动；二次举升放置在靠近活动腿的一侧。

4）车辆在平台上时，要拉紧驻车制动器手柄，轮胎前、后用三角木垫好。

5）平台活动支腿锁止销在平台升起后必须锁死。

（3）车辆固定操作规程

1）夹具夹紧前，检查钳口，应无油污、杂物。

2）检查夹具各部位是否有变形、裂纹，如有，必须更换，防止受力后断裂飞出伤人。

3）主夹具固定螺栓、钳口紧固螺栓要完全拧紧。

2. 校正系统的操作使用

校正系统在测量完成后才能开展工作，因此校正系统都是与测量系统配合使用，测量系统在校正时能实时进行测量，以达到实时监控校正的目的，并为达到最佳校正修复效果提供重要保证。

校正系统操作步骤如下：

1）拆下妨碍校正操作的车身外部覆盖件和机械部件。

2）将事故车辆拉上校正平台。

3）将事故车辆进行定位夹紧，通过主夹具将车辆固定夹紧。

4）对事故车辆进行测量。对碰撞中变形严重的部件进行测量，以此来确定哪些是需要修复更换的，哪些是需要测量和拉伸校正的。然后对需要使用测量和校正的部件实施测量和校正。

5）制订校正方案。拉伸方案主要确定拉伸方向和拉伸顺序。制订校正方案时，应遵循两条基本规则，以保证通过最少量的拉伸校正来修复损坏部件变形，并且不会造成进一步的车身结构损伤。

① 按与碰撞损伤相反的顺序修理碰撞时出现的损伤（先里后外），最后出现的损伤要最先修理，最先出现的损伤要最后修理。

② 以与碰撞方向相反的方向来制订拉伸校正顺序。

③ 拉伸方式的确定。拉伸方式有单向拉伸和复合拉伸，车架式车身通常采用单向拉伸，整体式车身通常采用复合拉伸。

单向拉伸就是简单的朝一个方向的拉伸，如图 8-33 所示。车架式车身的车架金属板厚度一般超过 3mm，可以承受反复的拉伸，一般不会发生拉伸过度或拉断的现象，对车架式车身的校正具有较好的效果。

复合拉伸即两个或两个以上方向的拉伸或多点拉伸，如图 8-34 所示。在牵拉修理部位复杂的损伤时，若未损伤部位和已修复的部件在其他相连接部件拉伸时不能再受到拉伸，并需要辅助牵拉或定位，这时就必须使用复合拉伸系统。复合拉伸可以实现同时从两点或多点，精确地按所需方向拉伸。

图 8-33　单向拉伸　　　　　　　　图 8-34　复合拉伸

3. 车辆校正操作安全及防护

1）根据所用设备的说明书正确地使用车身校正设备。

2）严禁非熟练人员或未经过正式训练的人员操作校正设备。

3）车辆固定时，要确保主夹具夹钳齿咬合得非常紧，车辆被牢靠地固定在平台上。

4）拉伸前，汽车要装夹牢固，检查主夹具固定螺栓和钳口螺栓是否紧固牢靠。

5）一定要用推荐型号和级别的拉伸链条、钣金工具进行操作。

6）拉伸时，钣金工具要在车身上紧固牢靠，并系好拉伸保险绳，以防在牵拉过程中脱落。避免将链条缠在尖锐器物上。

7）向一边拉伸的力大时，一定要在相反一侧使用辅助牵拉，以防将汽车拉离校正台。

8）操作人员在汽车上面和下面工作时，不要用千斤顶支撑汽车。

9）严禁操作人员与链条或牵拉夹钳在一条直线上。因为当链条断裂、夹钳滑落、钢板撕断时，特别是在拉伸方向可能会造成直接的伤害事故。在车外进行拉伸校正时，人员在车内工作是很危险的。

10）用厚防护毯包住链条或用安全绳把链条、钣金工具固定在车身上的牢固部件上，如果链条断裂，可防止工具、链条甩出来对人员和物品产生损伤。

11）在拉伸时，要把塔柱与平台的固定螺栓紧固牢靠，否则，拉伸中塔柱滚轮移动装置会受力损坏，可能导致塔柱突然脱离平台，造成人员和物品的损伤。

12）使用塔柱链条进行拉伸时，链条在钢丝顶杆的锁紧窝锁紧，链条不能有扭曲，所有链节都呈一条直线。导向环因固定手轮在拉伸前固定导向环高度，当拉伸开始后要松开手轮，防止链条断裂时左右甩出。手轮松开后，一旦链条断裂，导向环因自重会向下滑，使链条向下甩出，预防较大危险。

4. 拉伸操作中的车身防护

在进行拉伸校正之前，应对车身和一些部件进行保护，其事项如下：

1）拆卸或盖住内部部件（座位、仪表、车垫等）。

2）焊接时，用隔热材料盖住玻璃、座位、仪表和车垫（特别在进行惰性气体保护焊接时，这种保护非常必要）。

3）拆除车身外面的部件时，用棉布或保护带保护车身以防擦伤。

4）若油漆表面擦破，则必需修复好，因为油漆表面的小小瑕疵就可能造成锈蚀。

任务实施

一、任务准备

任务所需的资料、设备、工具及安全防护用品见表 8-4。

表 8-4 任务所需的资料、设备、工具及安全防护用品清单

项目	内容
安全防护用品	工作服、安全帽、护目镜、耳罩、棉丝手套、劳保鞋、毛巾
设备及耗材	奔腾 shark3 超声波测量系统
场地	钣喷实训中心

二、实训操作

1）穿工作服、劳保鞋，戴安全帽、棉丝手套。

2）操作测量 I、Y 点，并把测量数据记录在测量数据记录表中。

3）制订校正方案。根据测量数据记录表中数据与目标数据的比较分析，制订校正方案（拉伸方向及拉伸方式）。

4）实施校正操作，并在表 8-5 中记录校正后数据。

5）校正完成。

三、学习任务作业单

车身校正　任务作业单

班级：_____　姓名：_____　学号：_____　成绩：_____

表 8-5　测量与校正数据表

测量点		长度测量值	宽度测量值	高度测量值
A 点（基准点）	右侧			
	左侧			
B 点（参考点）	右侧			
	左侧			
____点	右侧			
	左侧			
____点	右侧			
	左侧			
____点	右侧			
	左侧			
____点	右侧			
	左侧			

_____点宽度拉伸目标数据（此项由教师填写）：

右：_____　左：_____

通过测量数据与宽度拉伸目标数据对比，判断_____点应向_____方向拉伸。

_____点校正后数据（此项经教师确认后由学生填写）：

右：_____　左：_____

学生签字：_____　　教师签字：_____

评价总结

1. 小组评价

小组评价表见表 8-6，总分 50 分。

表 8-6　小组评价表

操作项目	考核内容	评分标准	配分	扣分	得分
考核前准备	作业服装整齐，防护齐备，一次性备齐所需工具	根据情况酌情扣分	5 分		
操作步骤	1. 个人安全防护 2. 操作流程规范、合理 3. 校正数据合理、操作技能娴熟 4. 记录结果	项目未做不得分，操作方法不当扣 2 分	25 分		
文明操作	操作有序、规范	根据情况酌情扣分	5 分		
安全操作	无机具、人身事故	根据情况酌情扣分	10 分		
7S 管理	整理工具、清洁场地	根据情况酌情扣分	5 分		

2. 教师总体评价（总分 50 分）

项目习题

一、判断题

1. 在整体式车身拉伸过程中，应用最多的是单向拉伸系统。（　　）
2. 车身校正系统是通过液压力进行修复的。（　　）
3. 车身结构件的校正可以使用锤子、衬铁和外形修复机。（　　）
4. 拉伸校正的重点是恢复变形部件的尺寸。（　　）
5. 不适当的车身和车架校正技术，是车身结构不能恢复到原来尺寸的主要原因。（　　）
6. 车身校正工作的好坏直接影响汽车的安全性。（　　）
7. 车身所有部件的损坏都可以校正。（　　）
8. 在校正拉伸时，要同时在损坏区域不同的点上施加拉力。（　　）
9. 所有类型的车身校正系统都可以对整体式车身进行修复。（　　）
10. 在校正时，通过塔柱来监控整个校正过程。（　　）
11. 损坏钣金件的拉伸操作是通过塔柱拉伸来实现的。（　　）
12. 在拉伸校正开始之前，应该拆去车上妨碍校正的部件。（　　）
13. 在拉伸前，要仔细研究汽车结构和损伤程度，决定拆除和保留的部件。（　　）

二、选择题

1. 两个前纵梁都发生了变形，校正方法是（　　）。
   A. 不拆散热器框架，先校正严重损伤的纵梁
   B. 不拆散热器框架，先校正轻微损伤的纵梁
   C. 拆开散热器框架，分开校正

2. 纵梁向右弯曲时，校正方法是（　　）。
   A. 夹紧纵梁右侧的板件，再进行拉伸
   B. 夹紧纵梁左侧的板件，再进行拉伸
   C. 以上两种夹紧方法都可以

3. 一辆前端严重碰撞的汽车，要先校正（　　）。
   A. 散热器框架部位　　　　B. 车身中部　　　　C. 前纵梁

4. 在车身拉伸校正过程中，决定其修复程度的是（　　）。
   A. 板件变形量　　　　B. 板件尺寸测量　　　　C. 板件配合间隙

5. 对中立柱进行拉伸时，应使用（　　）。
   A. 钢丝绳　　　　B. 尼龙带
   C. 只要能夹紧的钣金工具都可以

6. 板件需要向上拉伸，可以使用（　　）。
   A. 液压顶板向上顶　　　　B. 斜拉臂向上拉伸　　　　C. 塔柱向上拉伸

7. 通过下拉工具向下拉伸时，导向环在塔柱的位置是（　　）。
   A. 与拉伸的板件平齐　　B. 可以在安全范围内任意高度　　C. 塔柱最低位置

8. 拉伸时，锤击拉伸部位的板件是为了（　　）。
   A. 敲平板件的变形　　　　B. 消除板件内部应力　　　　C. 防止拉伸夹持部位变形

9. 车身校正完毕后发现车轮跑偏、轮胎异常磨损，可能是由于（　　）导致的。
   A. 散热器支架尺寸不正确　　B. 减振器支座尺寸不正确　　C. 前横梁尺寸不正确

10. 拉伸中影响校正效果的最重要因素是（　　）。
    A. 测量　　　　B. 应力　　　　C. 拉力方向

11. 一个部件拉伸时总会发生回弹，减小回弹的处理方法是（　　）。
    A. 大力拉伸　　　　B. 小力拉伸　　　　C. 拉伸保持时锤击

项目九　认知焊接技术

项目描述

作为车身连接的主要形式之一，焊接连接不论是在汽车制造，还是在汽车维修中都是必不可少的组成部分。焊接质量的优劣直接影响汽车的安全性能。本项目主要围绕电阻点焊和二氧化碳气体保护焊进行学习和训练。

任务一　电阻点焊的认知与操作

任务目标

知识目标	技能目标	素养目标
1. 了解电阻点焊的概念。 2. 了解电阻点焊的工作原理。 3. 掌握电阻点焊的操作方法。 4. 掌握电阻点焊的检验方法。	1. 具有操作电阻点焊焊接的能力。 2. 具有检验电阻点焊焊疤质量的能力。	1. 形成良好的职业素养、遵守职业道德。 2. 培养良好的责任心和事业心。 3. 培养积极的人生态度、健康的心理素质。

任务描述

有一辆雪佛兰新赛欧三厢车前部受损，经诊断，需进行更换前纵梁作业，现已完成板件的分离，需进行电阻点焊操作，如图9-1所示。

知识储备

电阻点焊是汽车制造厂在生产车身时使用最多的一种焊接方法，常用于车顶、立柱、纵梁、车门门槛板等的焊接，占全车身焊接的 90% 以上，如图 9-2 所示；在汽车维修中，结构件的更换经常要用电阻点焊进行快速焊接连接。

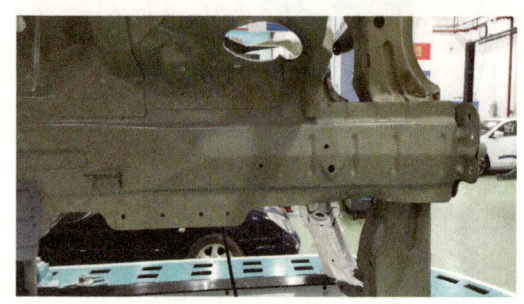

图 9-1 车身前纵梁

图 9-2 电阻点焊在车身上的应用

一、电阻点焊的特点

目前汽车白车身的主要连接工艺包括电阻点焊、气体保护焊、钎焊、激光焊等，其中电阻点焊应用最为广泛。一辆乘用车气体保护焊、钎焊、激光焊等连接工艺通常只应用在前盖、后盖、顶盖等半结构连接位置，而电阻点焊的白车身焊点数量达 4500~6000 个。车身强度很大程度取决于电阻点焊的焊接质量。控制电阻点焊的焊接质量是汽车白车身焊接质量的重点。

在车身修理时，因电阻点焊在焊接过程中产生热量少，可以进行高质量的焊接，对板件焊接后影响小，所以一般在车身结构件更换时，都会采用电阻点焊进行车身连接。电阻点焊有单面点焊和双面点焊。为保证车身板件的状态，在采用电阻点焊连接时，通常需要采用双面点焊，如图 9-3 所示。

图 9-3 双面点焊

二、电阻点焊的优点

1）不消耗焊丝、焊条等填充金属，以及氧、乙炔等焊接材料，焊接成本低。

2）清洁。焊接过程中不产生烟、蒸气或弧光等。

3）焊接时不需要去除板件上的镀锌层。

4）焊接后的焊点质量与生产时的焊接焊点质量相同。

5）节约时间，焊接后不需要对焊缝进行研磨。

6）速度快，只需要很短的时间便可完成一个焊点的焊接。

7）加热时间短，热量集中，故热影响区小，变形与应力也小，通常在焊后不必安排校正和热处理工序。

8）操作方便，对操作者要求比较少。

三、电阻点焊的缺点

1）目前还缺乏可靠的无损检测方法，焊接质量只能靠工艺试样和工件的破坏性试验来检查，以及靠各种监控技术来保证。

2）设备功率大。

四、电阻点焊的焊接工作过程

电阻点焊是利用变压器将外部输入电源变压成低电压、高电流，流过需要连接的金属块时产生大量的电阻热，使金属板件熔化形成熔池，再通过电极头的挤压力和冷凝使之融合在一起的过程，如图9-4所示。

影响电阻点焊焊接质量的三要素是电极压力、焊接电流和加压时间。

1. 电极压力

在电阻点焊焊接操作时，通过电极臂的电极头将金属板件挤压在一起，使电流流经金属板件，最终形成电阻点焊焊疤，因此电阻点焊的焊接焊疤机械强度与焊炬电极施加在金属板件间的电极压力有直接的关系。若压力太小，将会产生焊接溅出物，导致焊接焊疤强度降低；若压力太大，会使焊疤直径过小，从而降低焊疤强度，如图9-5所示。焊点被电极压入的深度不能超过板厚的一半。具体操作时，应严格遵守设备使用规程。

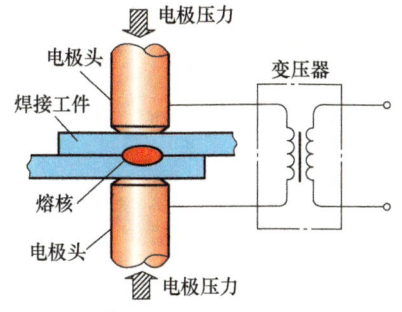

图9-4　电阻点焊的焊接工作过程

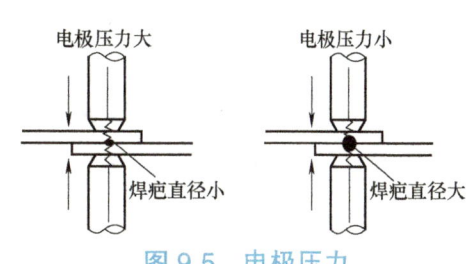

图9-5　电极压力

2. 焊接电流

给金属板件加压后通电，一股很强的电流通过焊枪电极流过两金属接触区，利用电阻作用发热，使温度迅速上升，将金属板件融化并融合在一起。如果电流强度太大或压力太小，将会产生内部溅出物；通过减小电流强度或增大压力，可以减少焊接时溅出物，确保焊疤质量。一般可以通过电阻点焊焊疤部位颜色来判断焊接电流的大小：焊接电流强度正常时，焊疤中间电极头与金属板件接触部分颜色不会发生变化，如图9-6所示；当焊接电流强度过大时，颜色变深呈蓝色，如图9-7所示。

若车身钢板进行了电镀或镀锌处理，在电阻点焊时，焊接电流应当比普通钢板的焊接电流高 10%~20%，以弥补电流强度的损失。

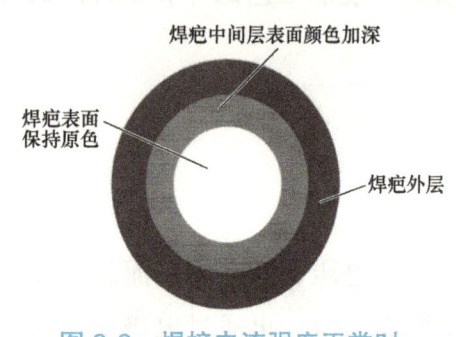

图 9-6　焊接电流强度正常时

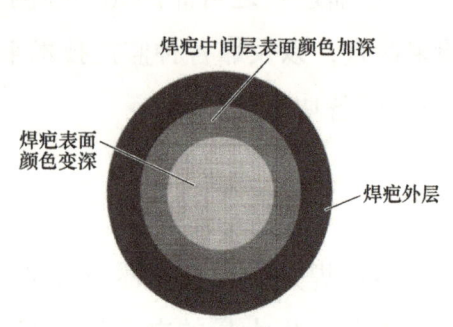

图 9-7　焊接电流强度过大时

3. 加压时间

加压时间是确保电阻点焊焊疤质量的一个重要因素。在加压时间内，焊接电流通过电极臂流经金属板件，使金属板件熔化并融合在一起。电流停止后，焊接部位熔化的金属开始冷却、凝固的金属形成平而圆的焊点。如果加压时间过短，焊疤部位金属的融合不够，从而影响焊接质量。在焊接操作时，应严格按照设备使用说明书进行操作。

五、电阻点焊焊机的构成

电阻点焊焊机主要由变压器、控制器和带有可更换电极臂的焊枪组成，如图 9-8 所示。

1. 变压器

变压器将外部电源电压 220V 或 380V 变压成低电压（2~5V）、高电流的焊接电流，避免单击危险。

图 9-8　电阻点焊焊机

2. 控制器

电阻点焊焊机控制器如图 9-9 所示，可调节焊接参数，可以调节变压器输出焊接电流的强弱，并可以调节出精确的焊接电流通电时间。在焊接时间内，焊接电流被接通并通过被焊接的金属板，然后电流被切断。焊接电流的大小由金属板的厚度和电极臂长度来决定。

图 9-9　电阻点焊焊机控制器

3. 焊枪（焊炬）

焊枪（焊炬）如图 9-10 所示，通过电极臂向被焊金属施加挤压力，并流入焊接电流。

六、电阻点焊焊机的调整

为使电阻点焊焊疤具有足够强度，在进行操作前，应进行电阻点焊焊机的检查和调整。

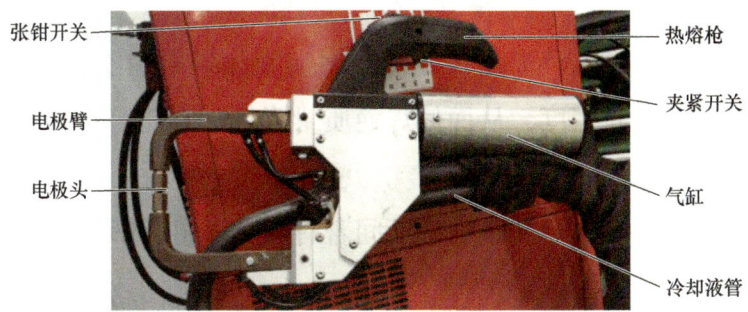

图 9-10 焊枪（焊炬）

1. 电极臂的选择

应根据所需焊接位置选择合适的电极臂，如图 9-11 所示。电极臂的选择原则是如果多个电极臂都能达到对某一部位进行焊接的要求时，选择最短的电极臂。

2. 电极臂的调整

为了获得最大的焊接压力，焊枪的电极臂应最大限度地缩短，如图 9-12 所示，并确保电极臂与电极头之间连接可靠、牢固。

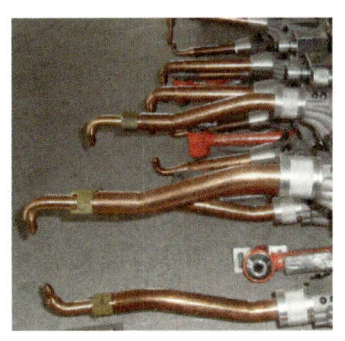

图 9-11 电极臂

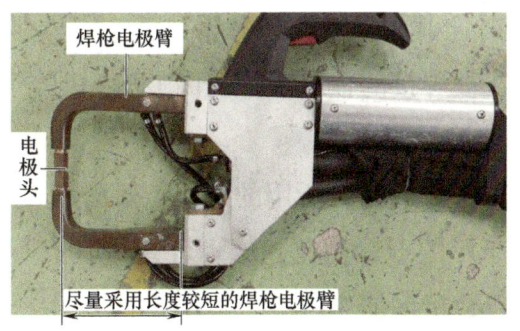

图 9-12 调整电极臂

3. 确保两个电极头对正

将上、下两个电极头对准在同一轴线上，如图 9-13 所示。若电极头的对正不好，将会引起电极压力不充分和电流过小，从而导致电阻点焊焊疤强度不够。

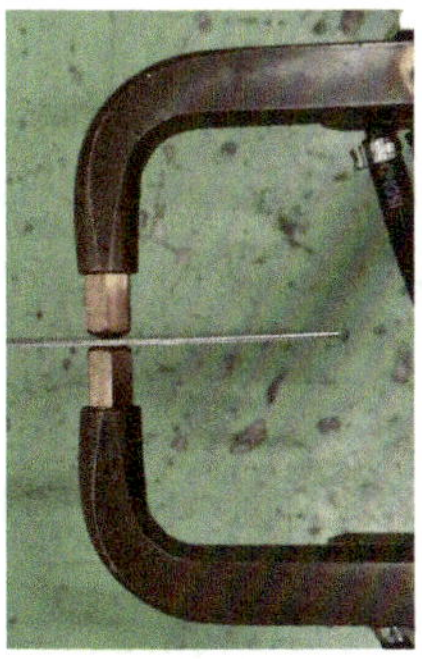

4. 电极头直径的确定

电极头直径应根据被焊金属板件的厚度确定，如图 9-14 所示。

图 9-13 电极头对正

5. 电流流过的时间

电流流过的时间和点焊的形式有关。当电流流过的时间延长时，所产生的热量会增加，焊接熔深随之增大，焊接部位散发出的热量也随之增加。

七、电阻点焊焊接前处理

为了获得较好质量的焊疤,在焊接开始前需要进行以下焊接前处理。

1. 金属板件表面处理

需要焊接的金属表面如果有油漆、锈蚀、灰尘或其他污染物,都将会减小电流强度,从而使焊疤质量降低,因此一定要将金属表面清理干净。

2. 消除金属板面的间隙

两金属板面间若有间隙,将会影响电流的流过,从而使焊疤质量降低,如图9-15所示。

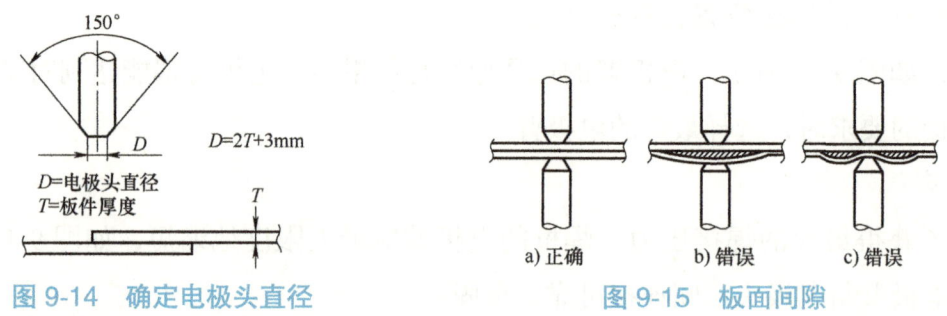

图9-14 确定电极头直径　　　　　图9-15 板面间隙

3. 金属板件表面的防锈处理

在被焊接的金属板件表面上涂一层导电系数较高的防锈剂。

4. 确定焊点数量

车身修理时,所用的电阻点焊焊机功率一般小于生产厂所用焊机的功率。所以,和生产厂的点焊相比,修理厂在进行点焊时,为了确保金属板件间的焊接强度,应将焊点数量增加30%。

5. 确认焊点最短间距

在焊接电流、焊接时间和电极压力确定的情况下,影响焊疤的强度的因素还有焊点间的距离和边缘距离,如图9-16所示。两层金属板件的结合力随着焊接间距的缩小而增大,但是当间距缩小到一定值时,金属板件的结合力不再增大,这是因为焊接电流被已有的焊点进行分流,从而降低了焊接强度。

6. 确定点焊的顺序

在电阻点焊操作时,不能只沿着一个方向连续焊接,应该采用跳焊的方式进行,因为原焊点会分流,造成焊点强度降低。

7. 点焊操作

尽量采用双面点焊。在焊接结构件时,某些部位受空间限制,不能双面点焊时,可以采用惰性气体保护焊塞孔焊来焊接。

电极和金属板面之间的夹角应为 90°，如图 9-17 所示。

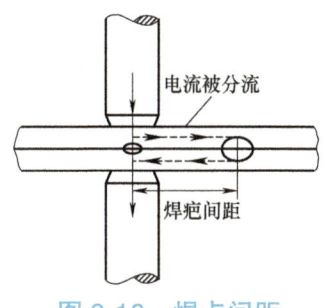

图 9-16　焊点间距

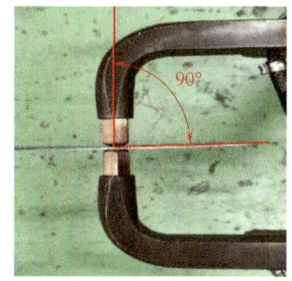

图 9-17　电极和金属板面之间的夹角

八、电阻点焊焊接后焊点质量检测

焊点质量的检测可采用外观检测和破坏性试验。外观检测用来判断外观质量，破坏性试验用来检测焊点的焊接强度。

1）外观检测，如图 9-18 所示。

检查焊点位置是否在十字架中心。

焊疤大小：焊疤直径要不小于 4mm。

焊点数量：焊点数量要多于原焊点数量的 130%。

a) 外观检测

b) 量具检测

图 9-18　焊点外观检测

焊点间距：修理时，焊点间距应小于汽车制造厂的焊点间距，焊点应均匀分布。

焊疤压痕：焊接表面的压痕深度不得超过金属板件厚度的一半，且不得失圆。

2）破坏性试验。选取与所需焊接的金属板材同样的试焊片，焊接后做下列试验，试验的结果作为调整焊机焊接参数的依据。

① 扭曲试验，如图 9-19 所示。如果焊机参数调整正确，扭曲后其中一片焊片应该留下一个与焊点直径相同的孔，否则需重新调整焊接参数。

② 撕裂试验，如图 9-20 所示。如果焊机参数调整正确，撕裂后其中一片焊片应该留下一个大于焊点直径的孔，否则需重新调整焊接参数。

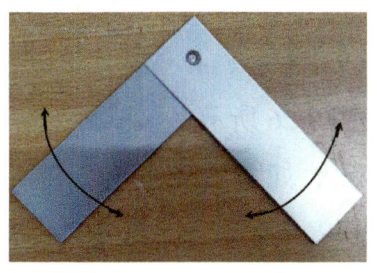

图 9-19　扭曲试验

图 9-20　撕裂试验

任务实施

一、任务准备

任务所需的设备、工具、量具及安全防护用品见表9-1。

表9-1 任务所需的设备、工具、量具及安全防护用品清单

项目	内容
安全防护用品	工作服、工作帽、护目镜、透明面罩、耳塞、焊接口罩、钢直尺、划针、大力钳、棉丝手套、焊接手套、劳保鞋、毛巾
设备及耗材	奔腾FAN-1型电阻点焊焊机，焊接铁桌，厚度为0.7mm、1.0mm和1.2mm的焊片
场地	钣喷实训中心

二、实训操作

1）穿工作服、劳保鞋，戴工作帽、棉丝手套。

2）检查奔腾FAN-1型电阻总焊焊机的状态。

① 检查电极头是否完好且对齐，如图9-21所示。

② 查看气压表表针，确认气压是否在6bar（6×10^5Pa）左右，如图9-22所示。

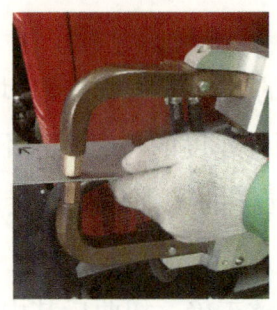
图9-21 检查电极头是否对齐

图9-22 查看气压

③ 检查外部电源是否接通，如图9-23所示。

3）用毛巾清洁焊片，如图9-24所示。

4）用划针配合钢直尺在焊片上划焊点的十字定位线，如图9-25所示。

5）焊片安装。

① 调整焊接铁桌支架的高度与鼻尖平行，如图9-26所示。

② 用大力钳固定焊片并安装在焊接铁桌支架上，如图9-27所示。注意：焊片间不能有缝隙。

6）焊机参数调整。

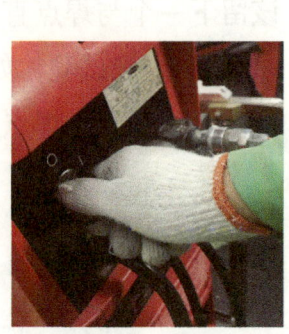
图9-23 检查外部电源是否接通

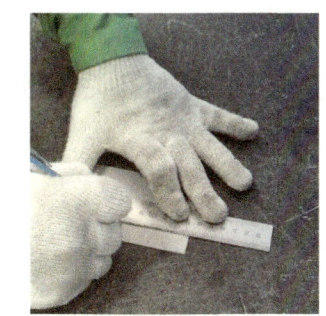

图 9-24　清洁焊片　　　　　　　　图 9-25　划焊点的十字定位线

① 将焊接模式选择在双面点焊模式，如图 9-28 所示。

图 9-26　调整焊接铁桌支架的高度　　　　图 9-27　固定焊片

② 将焊接电流参数调节到 60~90；将焊接电流时间参数调节到 30~60，如图 9-29 所示。

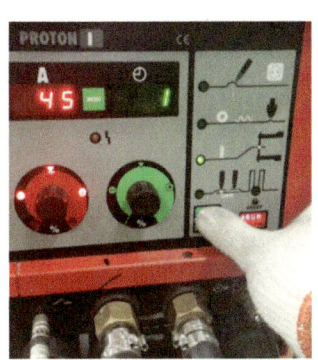

图 9-28　选择点焊模式　　　　　　图 9-29　调整焊接电流、时间

7）穿劳保用品；戴耳塞；调整透明面罩帽缘大小并戴好；摘下棉丝手套并戴好焊接手套。

8）焊接作业。

① 拿电极臂。

② 拖动焊机，以方便焊接。

③ 站立成前工字步，如图 9-30 所示。

④ 眼睛与焊片平行，使电极臂垂直于焊片表面。

⑤ 按下控制开关的预夹紧档位，注意观察垂直情况，待确认为 90° 后，如图 9-31 所示，完全按下控制开关；等焊接时间完成后，按松开控制开关。

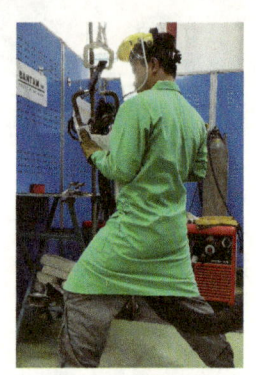

图 9-30 站立成前工字步

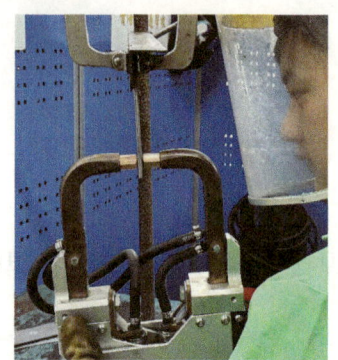

图 9-31 确认电极臂与焊件呈 90°

⑥ 将电极臂放回原位。

9）6S。

① 焊接完成后，将所有设备的参数归零并关闭电源。

② 整理工具和量具。

③ 清洁所有设备及工具、量具。

④ 工位清扫。

三、学习任务作业单

<u>电阻点焊的认知与操作</u>　任务作业单

班级：_____　姓名：_____　学号：_____　成绩：_____

1. 写出下图中设备部件的名称：_____。

2. 在上图的方框中写出设备功能键的名称。

3. 写出下图中设备部件的名称：_____。

4. 在上图的方框中写出设备功能键的名称。

5. 写出下图中设备部件的名称：＿＿＿＿＿＿＿＿＿＿＿＿＿＿＿＿＿＿＿＿＿＿。

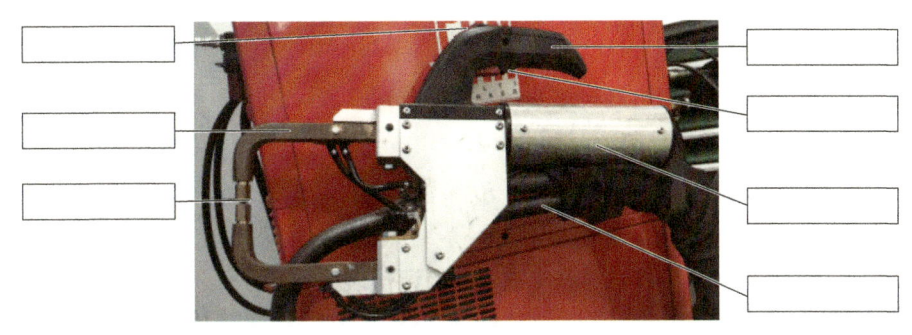

6. 在上图的方框中写出设备功能键的名称。

7. 电阻点焊是利用＿＿＿＿＿将外部输入电源变压成低电压、高电流，流过需要连接的金属块时产生大量的＿＿＿＿＿，使金属板件熔化，形成熔池，再通过＿＿＿＿＿的挤压力和冷凝使之融合在一起的过程。

8. 电阻点焊焊机主要由＿＿＿＿＿、＿＿＿＿＿和＿＿＿＿＿构成。

9. 电阻点焊的三要素是＿＿＿＿＿、＿＿＿＿＿和＿＿＿＿＿。

10. 电极压力对电阻点焊焊接质量的影响：压力太小，将会产生＿＿＿＿＿，导致焊接焊疤强度降低；压力太大，会使焊疤＿＿＿＿＿，从而降低焊疤强度。同时，焊点被电极压入的深度不能超过板厚的＿＿＿＿＿。

11. 焊接电流对电阻点焊焊接质量的影响：电流太大，将会产生＿＿＿＿＿，导致焊接焊疤强度降低；电流太小，会使焊接材料不能＿＿＿＿＿，从而降低焊疤强度。

12. 加压时间对电阻点焊焊接质量的影响：加压时间＿＿＿＿＿，焊疤部位金属的＿＿＿＿＿，从而影响焊接质量。

13. 电极臂的选择原则是如果多个电极臂都能达到对某一部位进行焊接的要求时，选择＿＿＿＿＿的电极臂。

14. 电极头直径的确定应根据被焊金属板件的厚度来定，公式是_____。

15. 焊接的金属表面如果有油漆、锈蚀、灰尘或其他污染物，都将会减小_____强度，从而使焊疤质量降低。

16. 两金属板面间若有间隙，将会影响_____的流过，从而使焊疤质量下降。

17. 在电阻点焊操作时，不能只沿着一个方向连续焊接，应该采用_____的方式进行，因为原焊点会_____，造成焊点强度降低。

18. 电阻点焊焊接时，电极和金属板面之间的夹角应为_____。

19. 电阻点焊的操作步骤为劳动防护、清洁焊片、调整焊机状态、_____、焊片安装、_____、试焊、检测焊接质量、焊接。

评价总结

1. 小组评价

小组评价表见表9-2，总分50分。

表9-2 小组评价表

操作项目	考核内容	评分标准	配分	扣分	得分
考核前准备	场地、设备、工具、量具及防护用品一次性备齐	根据情况酌情扣分	5分		
操作步骤	1. 个人安全防护 2. 操作流程规范、合理 3. 焊接参数调整合适、操作技能娴熟 4. 焊接质量符合要求	项目未做不得分，操作方法不当扣2分	25分		
文明操作	操作有序、规范	根据情况酌情扣分	5分		
安全操作	无设备、工具、量具、人身事故	根据情况酌情扣分	10分		
7S管理	整理工具、清洁场地	根据情况酌情扣分	5分		

2. 教师总体评价（总分50分）

任务二　CO_2气体保护焊的认知与操作

 任务目标

知识目标	技能目标	素养目标
1. 掌握CO_2气体保护焊的设备组成及其各组成部件的作用。 2. 掌握CO_2气体保护焊的工作原理。 3. 掌握CO_2气体保护焊的操作方法。	1. 具有操作CO_2气体保护焊焊接的能力。 2. 具有检验CO_2气体保护焊焊疤质量的能力。	1. 形成良好的职业素养、遵守职业道德。 2. 培养良好的责任心和事业心。 3. 培养积极的人生态度、健康的心理素质。

 任务描述

现有一辆事故车辆，经受损分析，中立柱严重受损，需对其进行更换作业。通过切割，重新定位、安装后，需要通过CO_2气体保护焊来完成焊接维修作业。

 知识储备

一、CO_2气体保护焊设备及组件

CO_2气体保护焊使用一根焊丝，焊丝和电极以一定的速度自动进给，在母材和焊丝之间出现短弧，短弧产生的热量使焊丝熔化，因而将母材连接起来。在焊接中，以CO_2作为保护气体在熔池周围形成气体防护层，隔绝外部氧气，使焊缝不被氧化，从而提高焊缝质量，使焊接平面更加美观、平整。CO_2气体保护焊焊机由供气装置、焊机、送丝机构、焊枪等组成，如图9-32所示。

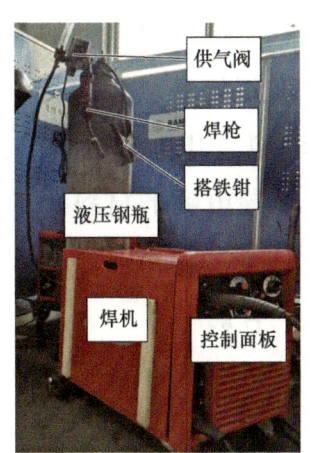

图9-32　CO_2气体保护焊焊机

（一）焊机电源

电源的核心是变压器，它把220V或380V的电压变成只有10V左右的低电压，同时电流会变得很大。

1. 电缆和搭铁接线装置

焊接的部位要与搭铁接线连接形成电流回路。

2. 电源极性

CO_2气体保护焊焊接一般材料时，采用直流反接（反极性），即焊件接阴极、焊丝接阳极。这种接法可使焊接过程稳定、飞溅小、熔深大。

在进行大电流高速焊接、堆焊和铸铁补焊时，应采用直流正接（正极性），即焊件接阳极、焊丝接阴极，在焊接电流相同时，焊丝熔化快（其熔化速度是反极性的1.6倍），熔深较浅、余高大、稀释较小，但飞溅较大。

（二）送丝机构和焊枪

1. 送丝机构

送丝机构通常由送丝机（包括电动机、减速器、导向轮、送丝轮）、送丝软管、焊丝盘等组成，如图9-33所示。

2. 焊枪

焊枪前部主要有喷嘴和导电嘴。CO_2气体保护半自动焊枪如图9-34所示。

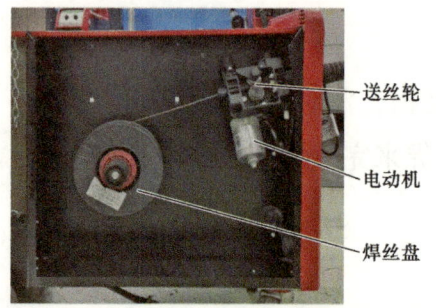

图9-33 送丝机构

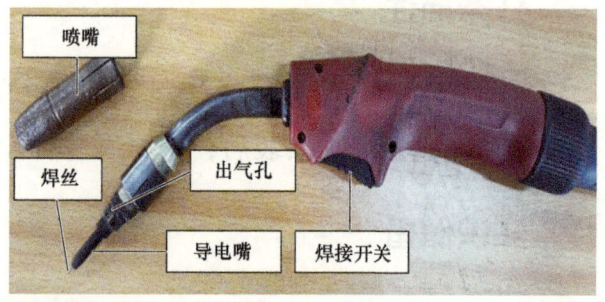

图9-34 焊枪

喷嘴是焊枪上的重要部件，其作用是向焊接区域输送保护气体，以防止焊丝端头、电弧和熔池与空气接触。

导电嘴的材料要求导电性良好、耐磨性好和熔点高，一般选用纯铜、铬铜或钨青铜。

3. 供气装置

供气装置包括高压钢瓶、压力表、流量指示管、软管等，如图9-35所示。

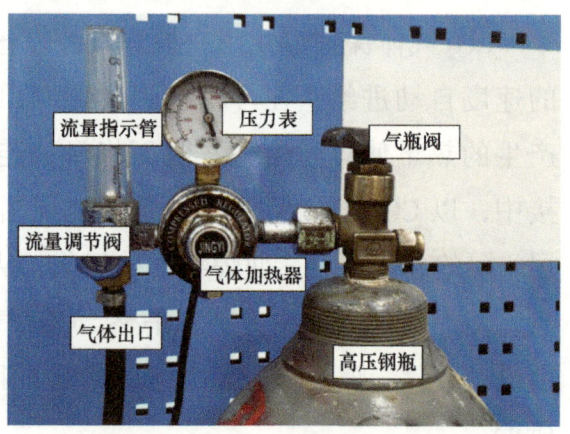

图9-35 供气装置

修理车身焊接时，一般用CO_2与氩气的混合气体，气体的比例为75%的氩、25%的CO_2。

所使用的惰性气体的种类根据需要焊接的母材确定，大多数钢材都使用CO_2进行气体保护。对于铝材，根据铝合金的种类和材料厚度分别采用氩气或氩、氮混合气体进行保护。在氩气中加入4%~5%的氧气，用这种气体进行保护时，甚至可以焊接不锈钢。

4. CO_2气体保护焊焊丝

常用CO_2气体保护焊焊丝如图9-36所示。车身修理中使用的焊丝型号是AWS-70S-6，使用焊丝的直径为0.6~0.8mm。

5. 控制面板

通过控制面板可进行电流、送丝速度调节，同时可以进行点焊和脉冲点焊功能的控制，如图9-37所示。

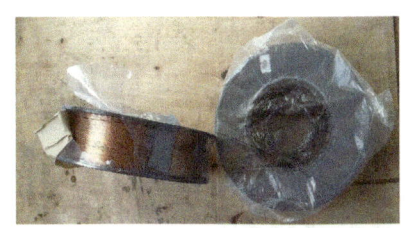

图9-36 焊丝

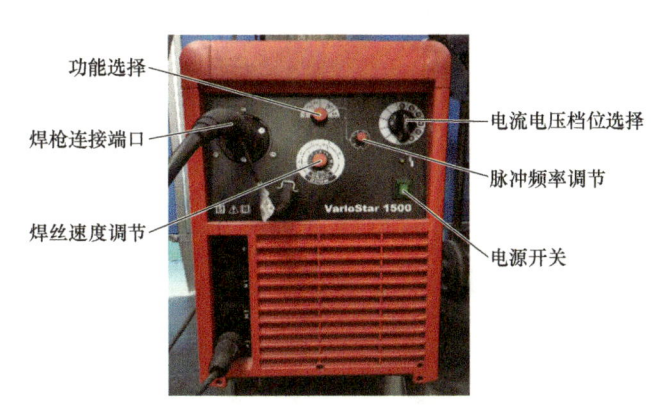

图9-37 控制面板

二、CO_2气体保护焊的安全防护

1. 眼睛防护

CO_2气体保护焊焊接时，电弧光辐射比手工电弧焊强，因此应加强眼睛的防护，防护用品为焊接头盔，如图9-38所示。

2. 有毒气体防护

CO_2气体保护焊焊接时的电弧在高温下会产生对人体有害的烟尘和有毒气体，如臭氧、氮氧化物和一氧化碳等，应加强防护。特别是在容器内施焊时，应加强通风，可使用能供给新鲜空气的特殊面罩，如图9-39所示。对镀锌板进行焊接时产生的烟雾大，应佩戴活性炭口罩，并注意加强通风。

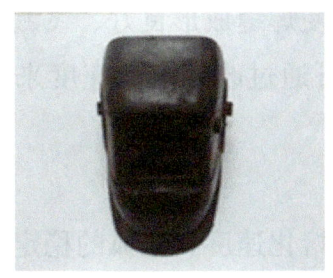

图9-38 焊接头盔

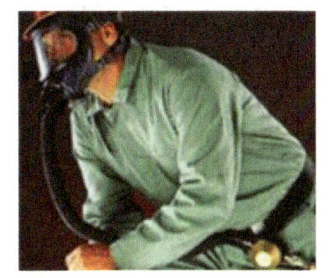

图9-39 有毒气体防护面罩

3. 身体防护

CO_2 气体保护焊焊接时，飞溅较多，需防止人体被灼伤，要穿焊接服，如图 9-40 所示。手防护使用焊接手套，如图 9-41 所示。腿部防护使用焊接护腿，如图 9-42 所示。脚部防护使用劳保鞋，如图 9-43 所示。

图 9-40　焊接服

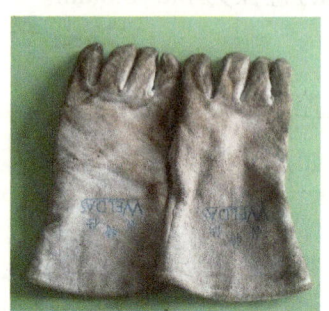

图 9-41　焊接手套

图 9-42　焊接护腿

图 9-43　劳保鞋

三、焊接参数的调整

CO_2 气体保护焊焊接时，需要对下列参数进行调整：电弧电压、焊接电流、气体流量、焊接速度和送丝速度焊丝伸出长度、焊枪角度等。

1. 电弧电压

对于一定直径的焊丝来说，在 CO_2 气体保护焊中，采用较低的电弧电压、较小的焊接电流焊接时，焊丝熔化所形成的熔滴把母材和焊丝连接起来，呈短路状态，称为短路过渡。大多数 CO_2 气体保护焊工艺都采用短路过渡焊接。

焊接电流与电弧电压是关键的工艺参数。为了使焊缝成形良好、飞溅减少、减少焊接缺陷，电弧电压和焊接电流要相互匹配，可通过改变送丝速度来调节焊接电流。

2. 焊接电流

焊接电流的大小会影响母材的焊接熔深、焊丝熔化速度、电弧的稳定性、焊接溅出物的数量。随着电流强度的增大，焊接熔深、剩余金属的高度和焊缝的宽度也会增大。

当小电流焊接时,电弧电压过高,金属飞溅将增多;电弧电压太低,则焊丝容易伸入熔池,使电弧不稳。

在大电流焊接时,若电弧电压过大,则金属飞溅增多,容易产生气孔;电压太低,则电弧太短,使焊缝成形不良。

上述提到的电弧电压与焊接电压是两个不同的概念,不能混淆。电弧电压是在导电嘴与焊件间测得的电压,而焊接电压则是在焊机上电压表显示的电压。

3. 气体流量

CO_2 气体流量与焊接电流、焊接速度、焊丝伸出长度及喷嘴直径等有关。气体流量应随焊接电流的增大、焊接速度的增大和焊丝伸出长度的增加而加大。一般 CO_2 气体流量的范围为:细丝焊接时,流量为 5~15L/min;粗丝焊接时,流量为 20~25L/min。

4. 焊接速度

焊枪移动得过快或过慢,都将使焊接质量下降。焊接时,随着焊接速度的增大,则焊缝的宽度、余高和熔深都相应地减小。如果焊接速度过快,气体的保护作用就会受到破坏,同时使焊缝的冷却速度加快,这样会降低焊缝的塑性,而且使焊缝成形不良。反之,如果焊接速度太慢,焊缝宽度会明显增大,熔池热量集中,容易发生烧穿等缺陷。

5. 送丝速度

如果送丝速度太慢,随着焊丝在熔池内熔化并熔敷在焊接部位,将听到"嘶嘶"声和"啪哒"声,此时产生的视觉信号为反光的亮度增强。

送丝速度太快将堵塞电弧。这时焊丝的熔敷速度大于热量和熔池的吸收速度。因此,当焊丝熔化成金属熔滴并从焊接部位飞走时,会产生飞溅。这时的视觉信号为频闪弧光。

6. 焊丝伸出长度

焊丝伸出长度指焊接时焊丝伸出导电嘴的长度。焊丝伸出长度增加,则使焊丝的电阻值增大,造成焊丝熔化速度加快,当焊丝伸出长度过长时,因焊丝过热而成段熔化,结果使焊接过程不稳定、金属飞溅严重、焊缝成形不良和气体对熔池的保护作用减弱;反之,当焊丝伸出长度太短时,则焊接电流增大,并缩短了喷嘴与焊件之间的距离,使喷嘴过热,造成金属飞溅物粘住或堵塞喷嘴,从而影响气流的流通。

一般情况下,导电嘴到焊件的距离为 7~15mm,如图 9-44 所示。焊丝伸出长度可以通过导电嘴与焊件的距离确定,导电嘴与焊件的距离根据焊接电流进行选择,导电嘴到喷嘴的距离大约为 3mm,焊丝伸出喷嘴长度为 5~8 mm。

7. 焊枪角度

焊枪的倾角也是不容忽视的因素。当焊枪倾角小于10°时，不论是前倾还是后倾，对焊接过程及焊缝成形都没有明显的影响；但倾角过大（如前倾角大于25°）时，将增大熔宽并减小熔深，还会增加飞溅。焊枪倾角合适角度为10°~15°，如图9-45所示。

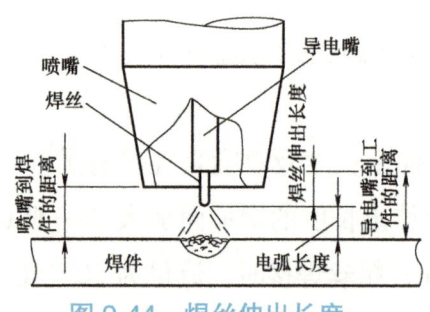

图9-44 焊丝伸出长度

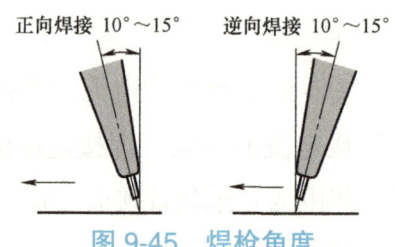

图9-45 焊枪角度

8. 焊接铝板时的注意事项

1）要使用铝焊丝和100%的氩气。

2）和焊接钢板相比，焊接铝板时的送丝速度较快。

3）焊接铝板时，焊枪应更加接近垂直位置。焊接方向只能从竖直方向倾斜5°~15°。

4）只能采用正向焊接法，不能在铝板上进行逆向焊接。只能推，不能拉。进行竖直的焊接时，应从下面开始，向上焊接。

5）将送丝滚轴上的压力调低一点，以免焊丝弯曲。但压力不能调得过低，防止造成送丝速度不稳定。

6）焊接铝板会产生更多的溅出物，应在喷嘴和导电嘴的端部涂上防溅剂。

7）焊接铝板时，保护气体的数量要比焊接钢板时增加约50%。

四、CO_2气体保护焊的焊接位置

根据焊件放置的位置可将焊接分为平焊、横焊、立焊和仰焊4种。

1. 平焊

平焊是将焊件水平放置时实施的焊接，如图9-46所示。平焊一般容易进行，而且它的焊接速度较快，能够得到很好的焊接熔深。对从汽车上拆卸下来的零部件进行焊接时，应尽量将它放在能够进行平焊的位置。

2. 横焊

焊件垂直水平面放置，实施从左（右）到右（左）的平行焊接方式，如图9-47所示。水平焊缝进行焊接时，应使焊枪向上倾斜，以避免重力对熔池的影响。

图 9-46 平焊

图 9-47 横焊

3. 立焊

焊件垂直水平面放置、实施从上（下）到下（上）的焊接方式，如图 9-48 所示。垂直焊缝焊接时，最好让电弧从接头的顶部开始，并平稳地向下拉。

4. 仰焊

仰焊是焊件处于空间上部的焊接，如图 9-49 所示。仰焊最难进行，熔池过大，熔融金属会落入喷嘴而引起故障。

图 9-48 立焊

图 9-49 仰焊

进行仰焊时，一定要使用较低的电压，同时要尽量使用短电弧和小的焊接熔池。应将喷嘴推向焊件，以保证焊丝不会向熔池外移动。最好应能够沿着焊缝均匀地拉动焊枪。

五、基本的焊接方式

1. 定位焊

定位焊实际上是一种临时点焊，在永久焊接前，用一种很小的临时点焊来取代定位装置或薄金属螺钉，对焊件进行定位，如图 9-50 所示。

板件采用定位焊接后实施分段焊接，防止由于温度升高而引起变形。

图 9-50 定位焊

2. 连续焊

连续焊是焊枪缓慢、稳定地向前运动，形成连续的焊缝的焊接，如图 9-51 所示。

操作中，导电嘴与板件之间应保持适当的距离，焊枪应保持正确的角度，保持焊枪的稳定进给，以免产生晃动。

3. 塞孔焊

塞孔焊是两个以上的金属板件，在外面有孔板件上，电弧穿过此孔，进入里面的板件，这个孔被熔化的金属填满，并将紧贴的两个或以上板件焊接在一起的焊接，如图9-52所示。

图9-51 连续焊

4. 连续点焊

连续点焊就是一系列相连或重叠的点焊，形成连续焊缝的焊接，如图9-53所示。

 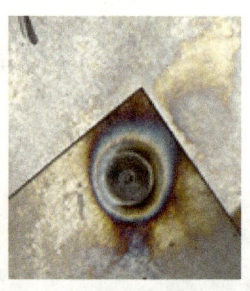

图9-52 塞孔焊

在焊接金属薄板时，如果薄板厚度小于0.8 mm，必须采用不连续的焊接（即连续点焊），以防止烧穿薄板。

图9-53 连续点焊

六、常见焊接缺陷及原因分析

1. 气孔或凹坑

气体进入焊接金属中产生的气孔或凹坑，如图9-54所示。其产生的原因有：

1）焊接表面不干净，母材上有锈迹、污物或水分。
2）保护不当、喷嘴堵塞、弯曲或气体流量过小。
3）焊接时冷却速度过快。
4）电弧过长。
5）焊丝规格不正确。
6）气体被不适当封闭。

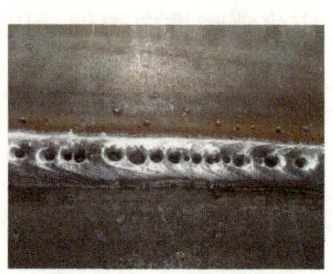

图9-54 气孔或凹坑

2. 不正确熔化

不正确熔化如图9-55所示，一般发生在母材与焊接金属之间，或发生在两种熔敷金属之间。其产生的原因有：

1）焊枪的进给不正常。

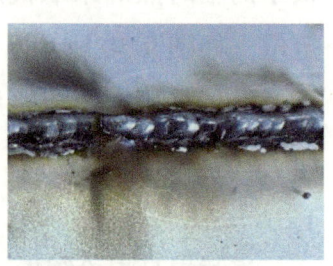

图9-55 不正确熔化

2）电压过低。

3）焊接部位不干净。

3. 焊瘤

焊瘤如图 9-56 所示。角焊比对接焊更容易产生焊瘤。焊瘤会引起应力集中而导致过早腐蚀。其产生的原因有：

1）焊接速度太慢。

2）电弧太短。

3）焊枪送进太慢。

4）电流太小。

4. 熔深不足

熔深不足如图 9-57 所示。此种缺陷是由于金属板熔敷不足而产生的。其产生的原因有：

1）电流太小。

2）电弧过长。

3）焊丝端部没有对准两层金属板的对接位置。

4）槽口太小。

图 9-56 焊瘤

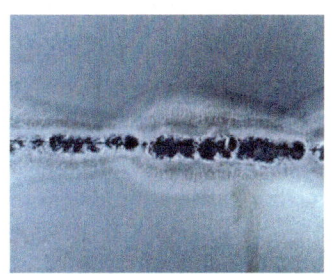
图 9-57 熔深不足

5. 焊接飞溅物过多

过多的溅出物在焊缝的两边形成许多斑点和凸起，如图 9-58 所示。其产生的原因有：

1）电弧过长。

2）母材金属生锈。

3）焊枪角度太大。

6. 焊缝不均匀

焊缝不是均匀的流线形，而是不规则的形状，如图 9-59 所示。其产生的原因有：

1）焊枪嘴的孔被损坏或变形，焊丝通过嘴口时发生摆动。

2）焊枪不稳定，移动速度不稳。

7. 烧穿

焊缝内有许多孔，如图 9-60 所示。其产生的原因有：

1）焊接电流太大。

2）两块金属之间的坡口槽太宽。

3）焊枪移动速度太慢，焊枪到母材之间的距离太短。

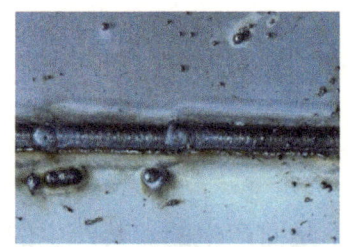

图 9-58　焊接飞溅物过多

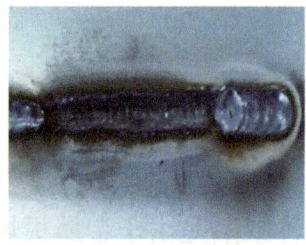

图 9-59　焊缝不均匀

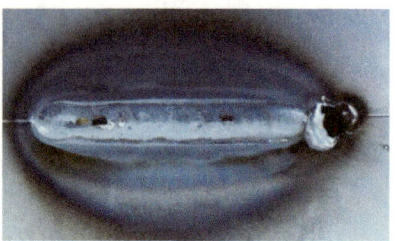

图 9-60　烧穿

任务实施

一、任务准备

1）实训项目：连续点焊对接焊。

2）任务所需的资料、设备、工具及安全防护用品见表 9-3。

表 9-3　任务所需的资料、设备、工具及安全防护用品清单

项目	内容
安全防护用品	工作服、透明面罩、耳塞、焊接口罩、大力钳、棉丝手套、焊接手套、劳保鞋、毛巾
设备及耗材	奔腾 FAN-1 型电阻点焊焊机、焊接铁桌、厚度为 0.7mm 和 1.2mm 的焊片
场地	钣喷实训中心

二、实训操作

1）安全防护：穿劳保鞋，戴棉丝手套。

2）用毛巾清理焊片，确保焊片清洁干净，如图 9-61 所示。

3）用大力钳试夹持焊片，确认焊片的端面距离约为 1mm，如图 9-62 所示。

4）调整支架高度，夹紧焊片。焊接支架大约与肩等高，以便焊接时观察熔池，如图 9-63 所示。

5）调节焊机参数。

① 打开焊机电源开关，选择"半自动连续焊接模式"，如图 9-64 所示。

图 9-61　清洁焊片

图 9-62　夹持焊片

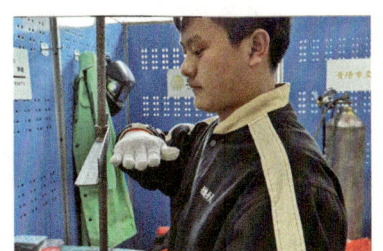
图 9-63　调整支架高度

a）打开电源

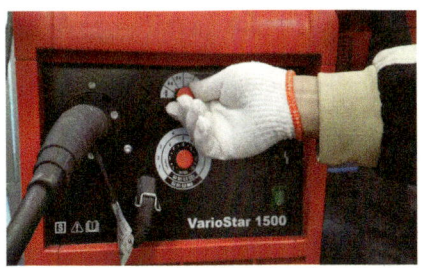
b）功能选择

图 9-64　选择焊机模式

② 调整焊接电流。一般选择 3~5 档位，如图 9-65 所示。

③ 打开气体阀门，开启减压阀阀门，起动焊枪开关，调节气体流量。气体流量应控制在 10~15L/min 范围内，如图 9-66 所示。

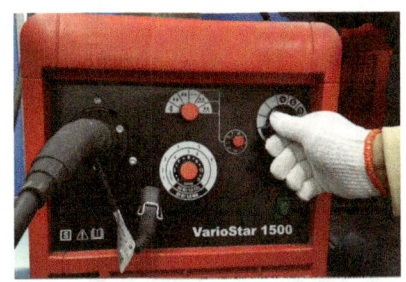
图 9-65　调整焊接电流

图 9-66　调节气体流量

④ 根据说明书要求，调节出丝速度。出丝速度可根据焊机使用说明书建议大致调整并通过试焊进行验证、微调，一般为 5~20m/s，如图 9-67 所示。

6）检查焊枪。

① 清理焊渣，如图 9-68 所示。

② 确认导电嘴端面与喷嘴端面的距离，标准距离为 3mm。

③ 确认喷嘴到钢板的距离，一般为 5~8mm，如图 9-69 所示；留下的焊丝如果较长，焊接时需要剪断。剪焊丝时喷嘴向下，焊枪与地面约 45°，如图 9-70 所示。

7）穿焊接工作服及焊接护腿，戴焊接帽及焊接手套，如图 9-71 所示。

图 9-67　调节出丝速度

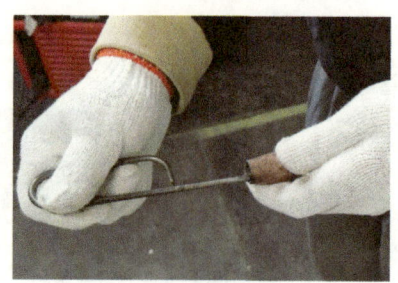
图 9-68　清理焊渣

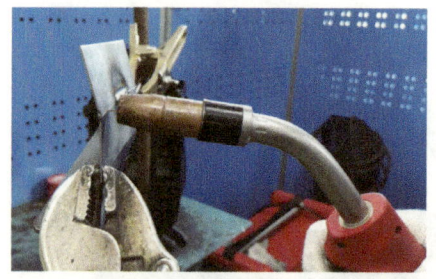
图 9-69　确认喷嘴到钢板的距离

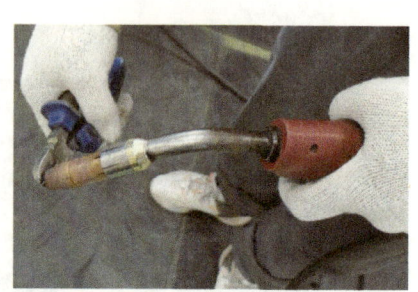
图 9-70　剪焊丝

8）身体前后站立，如图 9-72 所示，左手轻轻贴住焊片，焊枪自然搭在食指上，保持 45°~60°。

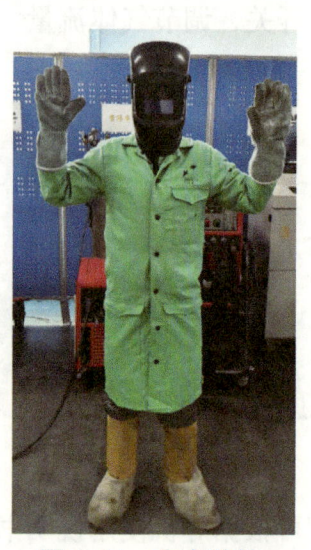
图 9-71　安全防护

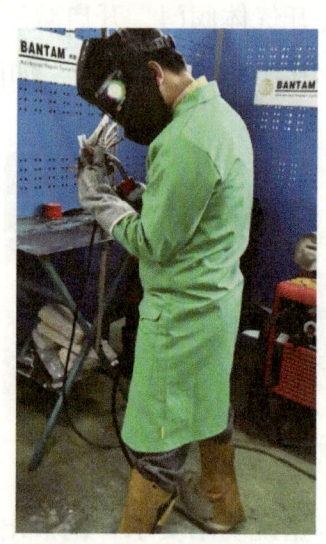
图 9-72　焊接姿势

9）焊丝对准焊缝间隙，左手上下匀速滑动，检查运行轨迹是否顺畅，如图 9-73 所示。

10）进行试焊，可根据焊接时的声音及握持焊枪的手的感觉微调出丝速度。

11）在新的焊片进行定位点焊，以防止焊接时焊片产生变形。

12）穿戴防护用品，研磨焊点，以免焊缝堆高，如图 9-74 所示。

13）在焊片上焊接一段焊缝，长度为 20~30mm。起弧时，由于钢板是冷板，第一枪的焊接时间应适当延长，以增加焊珠直径。收弧时，焊枪保持不动，利用延时气体保护熔池，以免熔池氧化。

14）焊接完成后，焊接电流、出丝速度归零，焊接模式归位，关闭电源开关。

15）取下焊片，清理飞溅物，清洁焊片。

16）松开焊接支架，归位。清洁焊接工作台，清扫工位场地。

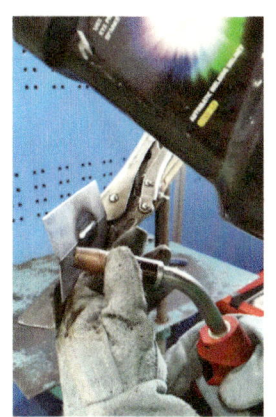

图 9-73　检查运行轨迹

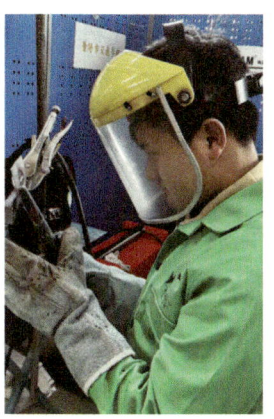

图 9-74　研磨焊点

三、学习任务作业单

CO_2 气体保护焊的认知与操作　任务作业单

班级：_____　姓名：_____　学号：_____　成绩：_____

1. 写出下图中设备的名称：_____。

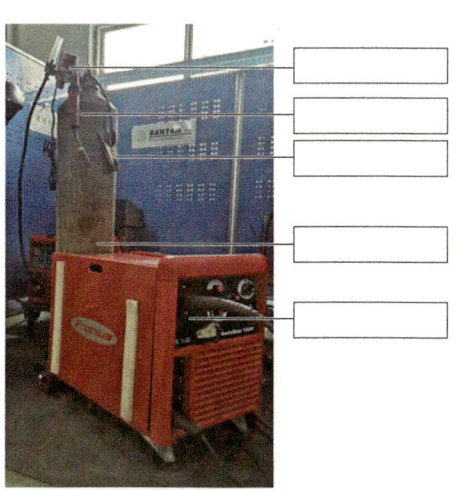

2. 在上图的方框中写出设备功能键的名称。

3. 写出下图中设备部件的名称：_____。

4. 在上图的方框中写出设备功能键的名称。

5. 写出下图中设备部件的名称：_____。

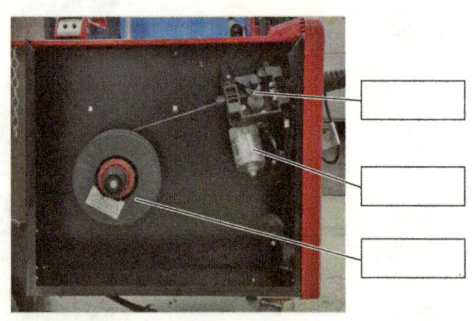

6. 在上图的方框中写出设备功能键的名称。

7. 写出下图中设备部件的名称：_____。

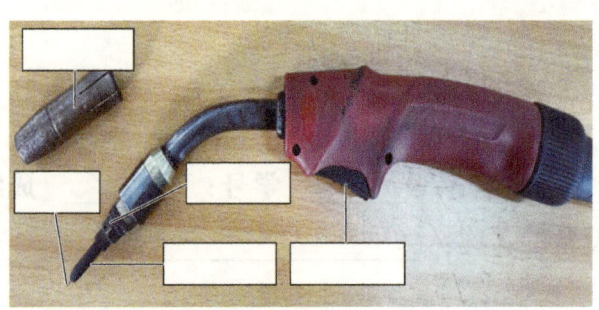

8. 在上图的方框中写出设备功能键的名称。

9. 写出下图中设备部件的名称：_____。

10. 在上图的方框中写出设备功能键的名称。

11. CO_2 气体保护焊使用一根焊丝，焊丝和电极以一定的速度自动进给，在母材和焊丝之间出现_____，从而产生热量使焊丝熔化，将母材连接起来。

12. 在 CO_2 气体保护焊中，采用较低的_____、较小的_____焊接时，焊丝熔化所形成的熔滴把母材和焊丝连接起来，呈短路状态称为_____。

13. 当小电流焊接时，电弧电压过高，金属飞溅将_____；电弧电压太低，则焊丝容易伸入熔池，使_____不稳。在大电流焊接时，若电弧电压过大，则金属飞溅_____，容易产生_____；电压太低，则电弧太短，使焊缝成形不良。

14. _____是在导电嘴与焊件间测得的电压，而_____是在焊机上的电压表显示的电压。

15. 在车身修理中，一般采用细焊丝焊接，其 CO_2 流量为_____L/min。

16. 一般情况下，导电嘴到工件的距离为_____mm，导电嘴到喷嘴的距离为_____mm，焊丝伸出喷嘴的长度为_____mm。

17. 焊枪倾角合适角度为_____。

18. CO_2 气体保护焊焊接步骤：安全防护、清洁焊片、_____、_____、试焊、检测焊接质量、焊接。

评价总结

1. 小组评价

小组评价表见表 9-4，总分 50 分。

表 9-4　小组评价表

操作项目	考核内容	评分标准	配分	扣分	得分
考核前准备	场地、设备、工具、量具及防护用品一次性备齐	根据情况酌情扣分	5 分		
操作步骤	1. 个人安全防护 2. 操作流程规范、合理 3. 焊接参数调整合适、操作技能娴熟 4. 焊接质量符合要求	项目未做不得分，操作方法不当扣 2 分	25 分		
文明操作	操作有序、规范	根据情况酌情扣分	5 分		
安全操作	无设备、工具、量具、人身事故	根据情况酌情扣分	10 分		
7S 管理	整理工具、清洁场地	根据情况酌情扣分	5 分		

2. 教师总体评价（总分 50 分）

项 目 习 题

一、判断题

1. 电阻点焊时焊接接缝一定要干净并且缝隙要小。（　　）
2. 保护焊喷嘴的主要功能是提供供气保护。（　　）
3. 在焊接一块比较长的焊缝时，可以不用间歇焊。（　　）
4. 电阻点焊时焊点的密度越大，焊接后强度越大。（　　）
5. 保护焊导电嘴的尺寸要和使用的焊丝尺寸相一致。（　　）

二、单项选择题

1. 在车身生产中应用最多的焊接方式是（　　）。

   A. 压焊　　　　　　　　B. 熔焊　　　　　　　　C. 钎焊

2. 进行电阻点焊焊接时，防腐工作是在（　　）。

   A. 焊接后全车身一起进行　　B. 焊接后马上进行　　C. 焊接之前进行

3. 气体保护焊焊枪导电嘴到焊件的标准距离是（　　）。

   A. 7~15mm　　　　　　B. 15~25mm　　　　　　C. 25~30mm

4. 电阻点焊两个焊点间距过小时强度降低的原因是（　　）。

   A. 焊接电流被分流　　B. 焊接时间会缩短　　C. 两个焊点的热影响

5. 车身保护焊中 CO_2 和氩气的混合比例是（　　）。

   A. 前者为 75%，后者为 25%
   B. 前者为 25%，后者为 75%
   C. 前者为 80%，后者为 20%

6. 电阻点焊设备焊接时，电极与焊件间的最佳角度是（　　）。

   A. 60°　　　　　　　　B. 90°　　　　　　　　C. 120°

三、多项选择题

1. CO_2 气体保护焊的优点有（　　　）。

   A. 可以使钢板 100%熔化　　　　　　B. 焊接后不用除去焊渣

   C. 焊缝打磨后强度不下降　　　　　　D. 轻松进行立焊和仰焊

2. 气体保护焊焊缝产生气孔的原因可能有（　　　）。

   A. 焊丝上有锈迹或水分　　　　　　　B. 焊接时冷却速度过快

   C. 焊接速度太快　　　　　　　　　　D. 电压过低

3. 电阻点焊的优点有（　　　）。

   A. 焊接过程中不产生烟或蒸气　　　　B. 不需要对焊缝进行打磨

   C. 焊接强度大、受热范围小　　　　　D. 焊接成本比气体保护焊低

项目十　车身塑料件修复

项目描述

随着科技的进步，节能环保、可持续理念深入人心，塑料作为一种性能优异的可再生非金属材料，被日益广泛地应用在各行业的零部件设计、制造上，传统的金属部件越来越多地被拥有同样工作性能的塑料部件替代，尤其是在汽车轻量化解决方案上，塑料件在汽车车身上的应用越来越多，因此在能保证维修人员安全作业条件下，对塑料零部件之间的焊接连接技术和连接质量提出了更高的要求。

任务一　车身塑料分类的认知与操作

任务目标

知识目标	技能目标	素养目标
1. 了解车身塑料的种类。 2. 了解热塑性和热固性塑料。	1. 具有正确区分热塑性塑料和热固性塑料的能力。 2. 具有辨别塑料的能力。	1. 养成热爱生活、关注生活中细节的习惯。 2. 培养发现问题并解决问题的思维。

任务描述

在当今的汽车制造中，塑料在车身上应用得越来越多，塑料的种类也越来越多。那如何在事故车辆受损板件中快速的对其分类、鉴别？这将对板件受损修复起到很好的针对作用。

知识储备

塑料是一种可再生非金属材料并且可满足汽车轻量化的要求，在汽车上的使用量正在逐渐增加，目前主要用在汽车前保险杠、后保险杠、车灯、仪表、车顶篷、蒙皮、进气歧管等。

一、车身塑料的分类

1. 塑料的组成

塑料是以合成树脂为基体，加入某些添加剂制成的高分子材料。塑料与钢铁相比具有强度高而质量小、耐腐蚀性极强、易于着色、具有一定的装饰性、容易加工等特点。它在一定温度、压力下可以塑造成各种形状的部件。

2. 塑料的分类和特性

塑料的种类很多，按其热性能不同，可分为热固性塑料和热塑性塑料两大类。

（1）热固性塑料　是指经过一次固化后，受热不再软化，只能塑制一次的塑料。这类塑料耐热性好，受压不易变形，但力学性能较差。

常用的塑料有环氧树脂、酚醛树脂、氨基树脂、有机硅树脂等。

（2）热塑性塑料　是指受热时软化，冷却后变硬，可反复多次加热塑制的塑料。这类塑料加工成形方便、力学性能较好，但耐热性相对较差、容易变形。

热塑性塑料数量很大，约占全部塑料的80%，常用的有聚乙烯、聚氯乙烯、聚四氟乙烯、聚苯乙烯、聚丙烯、聚甲醛、聚苯醚、聚酰胺等。

3. 塑料在汽车中的应用

塑料在汽车中的应用见表10-1。

表10-1　塑料在汽车中的应用

类型	符号	化学成分	主要用途
热塑性塑料	PE	聚乙烯	翼子板内板、内装饰板、扰流器、溢流箱、散热器护罩、燃油箱
	PC	聚碳酸酯	内部刚性装饰板
	PVC	聚氯乙烯	内装饰件、软垫板
	PS	聚苯乙烯	仪表外壳、汽车灯罩
	TPE	热塑性人造橡胶	保险杠护罩、护板、发动机罩下的部件
	PP	聚丙烯	保险杠护罩、导流板、内部嵌条、散热器护罩、内翼子板、燃油箱
	TPUR	热塑性聚氨基甲酸乙酯	保险杠护罩、软护板、挡泥板、门槛套

（续）

类型	符号	化学成分	主要用途
热固性塑料	TPO、EPM、TEO	聚丙烯+乙烯丙烯橡胶（至少20%）+聚烯	保险杠护罩、导流板、扰流板、仪表板、格栅
	PA	聚酰胺	散热器箱、前照灯灯圈、侧围板外延部分、外部装饰部件
	PC+PBT	聚碳酸酯+聚丁烯对苯二酸酯	保险杠护罩
	PPE+PA（PPO+PA）	聚亚苯基乙醚+聚酰胺	翼子板、外部装饰件
	ABS	丙烯腈丁二烯苯乙烯	仪表组、装饰嵌条、控制台、肘靠、格栅
	PUR	热固性聚氨基甲酸乙酯	保险杠护罩、前后车身面板、护板
	PC+ABS	聚碳酸酯+丙烯腈丁二烯苯乙烯	车门面板、仪表板
	UP、EP	不饱和聚酯，环氧树脂（热固性）	翼子板外延部分、发动机罩、车顶、行李舱盖、仪表组护罩
	TEEE	醚酯人造橡胶	保险杠面板、门槛套
	PET	聚对苯二甲酸乙二醇酯+聚酯	翼子板
	EEBC	醚酯嵌段共聚物	门槛套嵌条、翼子板外延部分、保险杠延长段
	EMA	乙烯/甲基丙烯酸	保险杠护罩
	SMC.UP、FRP	玻璃纤维加强塑料	刚性车身面板、翼子板、发动机罩、行李舱盖、扰流器、顶板、后侧围板

二、热塑性塑料和热固性塑料的辨别

1. 外观辨别

一般热塑性塑料以黑色为主，制品相对较厚；热固性塑料制品一般五颜六色、薄而美观。

2. 性质辨别

（1）加压　热塑性塑料比热固性塑料硬度低，在持续施加压力时，热塑性塑料先变形再破裂，热固性塑料直接断裂。

（2）加热　热塑性塑料加热到一定温度时先变软后流动，冷却后再加热也能流动；热固性塑料第一次加热能软化而流动，后持续加热只会固化变硬。

（3）燃烧　部分塑料的燃烧特性见表10-2。

表 10-2　部分塑料的燃烧特性

名称	燃烧难易度	火焰状态	燃烧后状态	气味
PE	容易	上端黄色，下端蓝色	熔融滴落	石蜡燃烧味
PC	缓慢燃烧	黄色黑烟	熔融起泡	特殊气味
PVC	难	黄色，下端绿色	软化	氯气味
PS	容易	橙黄色黑烟	软化	苯乙烯气味
PP	容易	黄色，蓝色火焰	熔融滴落	柴油味
PA	缓慢燃烧	蓝色，上端黄色	熔融滴落，起泡	羊毛烧焦味
PPO	难	浓黑色	熔融滴落	瓜果腐烂臭味
ABS	容易	黑色	软化，烧焦	特殊气味
UP	容易	黄色黑烟	微膨胀开裂	苯乙烯气味

任务实施

一、任务准备

任务所需的资料、设备、工具及安全防护用品见表 10-3。

表 10-3　任务所需的资料、设备、工具及安全防护用品清单

项目	内容
安全防护用品	工作服、工作帽、护目镜、口罩、棉丝手套、劳保鞋、毛巾、灭火器
设备及耗材	塑焊枪、保险杠、灯罩、剪刀、打火机、铁盘等
场地	钣喷实训中心

二、实训操作

1）穿工作服、劳保鞋，戴工作帽、棉丝手套、口罩等防护用品。

2）用热风枪分别加热保险杠条和灯罩片，观察变化，如图 10-1 所示。

3）用打火机分别点燃保险杠条和灯罩片，观察变化，如图 10-2 所示。

4）关闭电源，整理工具、量具，清洁所有设备及工具、量具，工位清扫。

a) 加热保险杠条

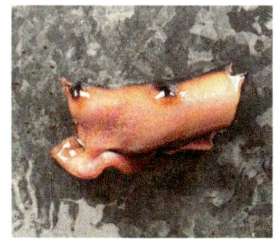
b) 加热灯罩片

图 10-1　用热风枪分别加热保险杠条和灯罩片

a) 燃烧保险杠条

b) 燃烧灯罩片

图 10-2　燃烧保险杠条和灯罩片

三、学习任务作业单

车身塑料分类的认知与操作 任务作业单

班级：_____ 姓名：_____ 学号：_____ 成绩：_____

一、填空题

1. 燃烧的三要素是_____、_____和_____。
2. 完成下表的填写。

名称	燃烧难易	火焰状态	燃烧后状态	气味
PE	容易		熔融滴落	石蜡燃烧味
PC		黄色黑烟		特殊气味
PVC	难		软化	
	容易	橙黄色黑烟		苯乙烯气味
PP		黄色，蓝色火焰	熔融滴落	
	缓慢燃烧		熔融滴落，起泡	羊毛烧焦味
PPO		浓黑色		瓜果腐烂臭味
ABS	容易		软化，烧焦	
UP		黄色黑烟	微膨胀开裂	

二、简答题

1. 简述干粉灭火器的使用方法。

2. 写出加热保险杠片和灯罩片过程中的注意事项。

3. 描述燃烧保险杠片和灯罩片的现象。

评价总结

1. 小组评价

小组评价表见表 10-4，总分 50 分。

表 10-4 小组评价表

操作项目	考核内容	评分标准	配分	扣分	得分
考核前准备	作业服装整齐，防护齐备，一次性备齐所需工具	根据情况酌情扣分	5 分		
操作步骤	1. 个人安全防护 2. 操作规范、合理 3. 记录结果	项目未做不得分，操作方法不当扣 2 分	25 分		
文明操作	操作有序、规范	根据情况酌情扣分	5 分		
安全操作	无机具、人身事故	根据情况酌情扣分	10 分		
7S 管理	整理工具、清洁场地	根据情况酌情扣分	5 分		

2. 教师总体评价（总分 50 分）

任务二　车身塑料件的修复

 任务目标

知识目标	技能目标	素养目标
1. 了解常用修复工具。 2. 掌握车身塑料件的损伤类型。	1. 具有能正常使用热风枪、塑焊枪和塑料修补机的能力。 2. 具有修复汽车塑料前保险杠损伤的能力。 3. 具有检验损伤的能力。	1. 养成安全生产、安全作业的习惯。 2. 培养多角度、全方位视角。

任务描述

现有一辆汽车的前保险杠在碰撞事故中受损，经定损，该保险杠蒙皮受损不是特别严重，有修复的价值。

知识储备

常见车身塑料件的损坏类型有裂纹、凹陷、刮痕、破裂、穿孔和折断。为了增加其使用寿命，减少浪费、污染，目前常用热风枪、塑焊枪和塑料修补机修复车身上的受损塑料件。

一、常用塑料件修复工具

1. 热风枪

热风枪如图 10-3 所示，主要由气泵、线性电路板、气流稳定器、外壳、手柄组件等组成。热风枪手柄有的采用了特种耐高温高级工程塑料，耐温等级高达 300℃；鼓风机部分有无噪声鼓风机，满足大功率螺旋风输出；热风筒有的采用螺旋式的拆卸结构；电热丝有的采用特制可拆卸的更换式发热芯。

图 10-3　热风枪

其基本工作原理是用微型鼓风机做风源，用电热丝加热空气流，并且使空气流的热度达到高温（200~480℃），然后将热空气流通过风嘴导向加热作业工区进行作业。

2. 塑焊枪

塑焊枪如图 10-4 所示，由气泵、加热器和温度控制器三大部分组成。气泵是由高速电动机（15000r/min）与叶轮组成，产生流动空气，加热器产生热量，温度控制器用来调节加热器发热功率而改变塑焊枪出口温度。

其基本工作原理是通过电动机产生的风带走电热丝产生的热量，从而得到流动的热空气。焊塑枪产生的气流压力较大（一般大于 2800Pa，热空气的温度高达 550℃以上，并有多个档位可调节）。

图 10-4　塑焊枪

3. 塑料修补机

塑料修补机如图 10-5 所示，由电源控制盒、焊枪、各种型号的焊钉组成。其中，通过电源控制盒对焊枪工作进行实时调节，焊枪上可根据不同的修复对象连接不同的焊钉。对其进行加热后，拼接修复裂损的塑料缝隙。设备中加入了抹平头（可用焊钉代替），抹平头可以对修复过的塑料产品表面进行修复。

二、常见的塑料件损伤的修复

1. 凹陷、划痕及裂纹的修复

根据凹陷部位的深浅情况，可用热风枪将其加热到一定温度，用手或工具在其反方向上将其顶出，如图 10-6 所示。

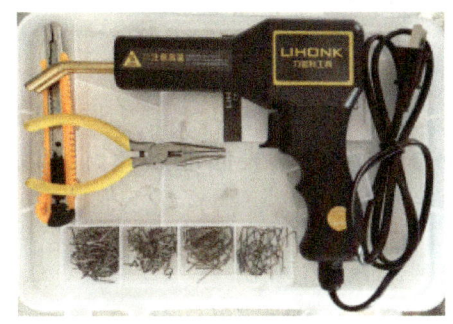

图 10-5　塑料修补机

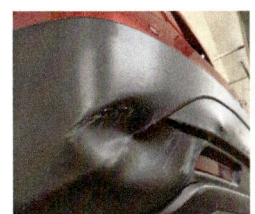
a) 修复前

b) 修复过程

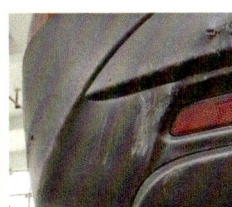
c) 修复后

图 10-6　热风枪修复前后

在修复划痕或裂纹前，先将其表面处理干净，对该部位加热到 20℃ 左右，分别在裂纹的两侧涂抹黏结促进剂和黏合剂；然后，将划痕或裂纹两侧迅速对好、压紧，保持 1min 后即可获得良好的黏结效果。

2. 破裂、穿孔和折断的修复

破裂、穿孔和折断现象较为常见，修复过程较为复杂，方法较多。

下面以汽车前保险杠为例，进行修复操作。

三、用塑焊枪修复汽车前塑料保险杠破裂、穿孔和折断

1. 破裂

1）按维修手册标准拆卸保险杠，用水和塑料清洗剂将破裂处清洗干净。

2）将塑料件的损伤处平放在工作台上，用打磨机对损伤区的反面破裂的边沿开出 3~5mm 的破口。若打磨时出现滑腻现象，说明该塑料是聚烯烃类，可以涂敷（喷涂）一层黏结促进剂，待其干燥后继续打磨。

3）加热焊补部位和相同材质的塑料焊条到其熔点后，用刮铲将熔化的焊条压入修复部位，并用被加热的刮铲抹平焊缝，使修补面平齐，等修复部位温度自然降到常温。如果损伤区面积较大，可以用塑料焊条沿损伤垂直方向焊接加固或用专用修复铁丝网焊接加固。注意：如果没有成品的塑料焊条，可以用相同材质的废旧保险杠剪制而成。

4）用打磨机对损伤区正面破裂的边沿开出 5~8mm 的破口。

5）打磨羽状边，用打磨机将破裂周围的面漆打磨出羽状边。注意：仅仅打磨面漆，不能打磨塑料。要求在损伤的周围3~4mm内没有油漆，以保证后面涂敷的黏合剂不会粘在油漆上。

6）加热焊补部位和相同材质的塑料焊条到其熔点后，用刮铲将熔化的焊条压入修复部位，并用被加热的刮铲抹平焊缝，使修补面平齐，等修复部位温度自然降到常温。

7）对损伤区正面进行打磨处理，使其平整，并做焊接质量检查。

8）进行涂装相关处理。

2. 穿孔

方法基本与破裂修复相同。如果孔直径大于5mm，需要在其表面加铁丝网，以保证焊接强度。

3. 折断

方法基本与破裂修复相同，需要在其表面加铁丝网，以保证可靠连接。在不影响安装的情况下，可反面增加支撑加固。

四、用塑料修补机修复汽车前塑料保险杠破裂、穿孔和折断

1. 破裂

1）用水和塑料清洗剂将破裂处清洗干净。

2）选择合适的补钉直接作用在破裂处表面，根据该区域受力情况选择焊接焊钉的密度，去除焊钉表面部分，并对焊缝进行打磨处理。

3）对修复区进行磨羽状边打磨处理，使其整体平整，并做焊接质量检查。

4）进行涂装相关处理。

2. 穿孔

用相同废旧材料制成与孔大小、形状相似的填料，将其固定在孔位置，后续方法基本与破裂修复相同。如果有间隙，可用塑焊条填补。

3. 折断

在正面和反面均选择不同形状焊钉进行错位植入焊，后打磨处理。如果有间隙，可用塑焊条填补。

 任务实施

一、任务准备

任务所需的资料、设备、工具及安全防护用品见表10-5。

表 10-5　任务所需的资料、设备、工具及安全防护用品清单

项目	内容
安全防护用品	工作服、工作帽、护目镜、透明面罩、耳塞、口罩、棉丝手套、劳保鞋、毛巾
设备及耗材	维修手册、塑焊枪、塑焊条、铁丝网、保险杠、塑料修补机、各种型号焊钉、钳子、打磨机、电钻等
场地	钣喷实训中心

二、实训操作

穿好工作服、劳保鞋，戴工作帽、棉丝手套、口罩、面罩；清洁保险杠损伤区及周边。

（一）破裂修复

1. 塑焊枪修复裂纹

塑焊枪修复裂纹如图 10-7a 所示。

1）反面裂痕处打磨羽状边，并沿裂纹开破口。用相同材质废旧塑料制作塑焊条，如图 10-7b 所示。

2）反面将焊缝两边固定后在裂痕处焊接，并在焊缝垂直方向加固，如图 10-7c 所示。

3）正面打磨，检验焊接质量，如图 10-7d 所示。如果不合格，可根据修复情况做塑焊条修复或添加专用修复铁丝网修复。

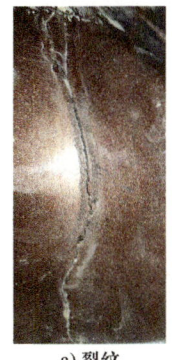
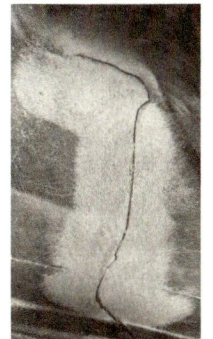

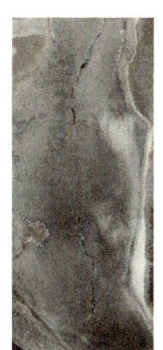

a) 裂纹　　b) 背面打磨　　c) 修复过程　　d) 正面检验

图 10-7　塑焊枪修复裂纹

2. 塑料修补机修复裂纹

塑料修补机修复如图 10-8a 所示。

1）直接选用合适的焊钉将焊缝两边固定，在裂缝表面焊接，如图 10-8b 所示。根据修复位置不同，可直接在车上操作，无须拆下。

2）去除表面部分焊钉接头，如图 10-8c 所示，并加热一颗焊钉将表面抹平。

3）对修补痕迹进行打磨处理，并检验焊接质量，如图 10-8d 所示。如果不合格，可在反面用塑焊枪进行处理。

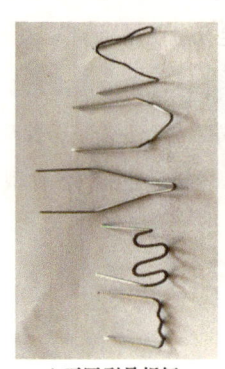   

a) 不同型号焊钉　　b) 裂纹　　c) 修复过程　　d) 正面检验

图 10-8　塑料修补机修复裂纹

3. 修复裂缝

修复裂缝如图 10-9a 所示。

1）用电钻在裂缝两端打钻孔；打磨损伤裂缝反面，并沿裂缝开破口周围打磨羽状边。用相同材质废旧塑料制作塑焊条，如图 10-9b 所示。

2）用塑焊条填补裂缝处；剪制铁丝网，如图 10-9c 所示，将铁丝网焊在裂缝处，如图 10-9d 所示。

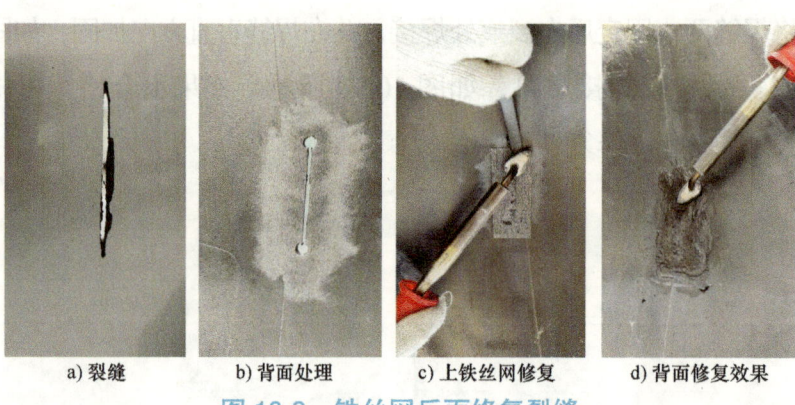

a) 裂缝　　b) 背面处理　　c) 上铁丝网修复　　d) 背面修复效果

图 10-9　铁丝网反面修复裂缝

3）对裂缝正面进行打磨处理，使其平整，并做焊接质量检查，如图 10-10 所示。

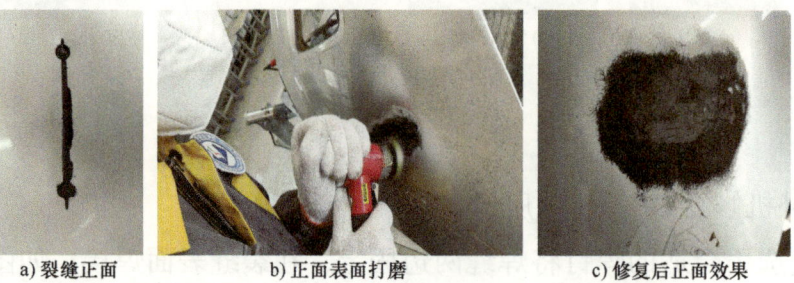

a) 裂缝正面　　b) 正面表面打磨　　c) 修复后正面效果

图 10-10　铁丝网修复裂缝正面处理

（二）孔洞修复

1. 塑焊枪修复孔洞

1）反面孔处打磨羽状边；正面孔处打磨羽状边，并沿裂纹开破口。用相同材质废旧塑料制作塑焊条，如图 10-11a 所示。

2）在孔的反面用铁丝网挡住，加热塑焊条，正面填充到孔内，如图 10-11b 所示，放置剪制好的铁丝网，如图 10-11c 所示，将其焊入孔表面塑料内，抹平打磨处理。

3）将铁丝网焊入塑料内。

4）对孔正面进行打磨处理，使其平整，并做焊接质量检查，如图 10-11d 所示。

a) 破口、羽状边　　b) 孔填补　　c) 添加铁丝网　　d) 修复后正面效果

图 10-11　塑焊枪修复孔洞

2. 塑料修补机修复孔洞

1）用废旧塑料保险杠剪制与孔相似形状的填补焊片，如图 10-12a 所示。

2）固定焊片，直接选用合适的焊钉，将焊片四周焊接到保险杠上，去除表面部分焊钉接头，并加热一颗焊钉将表面抹平，如图 10-12b 所示。如果配合间隙较大，可以用塑焊枪加热塑料条填补。

3）对修补痕迹进行打磨处理，并检验焊接质量，如图 10-12c 所示。如果不合格，可在反面用塑焊枪进行处理。

（三）塑料修补机修复断裂

1）将折断塑料与原位置处清洁干净，并固定在原位置，如图 10-13a 所示。

2）选择合适的焊钉焊接，并去除表面部分焊钉接头，抹平处理，如图 10-13b 所示。

3）如果不合格，可增加焊钉数量，如图 10-13c 所示。

a) 孔正面　b) 焊钉正面焊接　c) 修复后正面效果　　　　a) 修复前　　b) 修复过程　　c) 修复后

图 10-12　塑料修补机修复孔洞　　　　　　　图 10-13　塑料修补机修复断裂

（四）焊接质量检测

焊接质量的检测可采用外观检测、破坏性试验和非破坏性试验。外观检测用来判断外观质量，破坏性试验和非破坏性试验用来检测焊点的焊接强度。

1. 外观检测

将焊接表面打磨好后，观察表面有无裂纹、孔洞（表面小气孔除外）、焊缝，如无则视为焊接合格，否则重新调整焊接。

2. 破坏性试验

扭曲试验如图 10-14 所示。如果焊接质量好，用力扭曲到一定位置时，焊接部位不会出现裂纹、破裂、开口，否则需重新焊接。

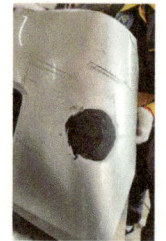 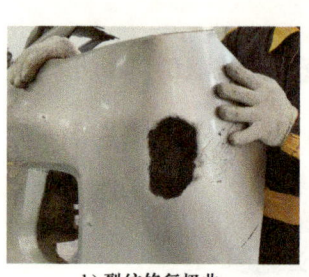 

a) 孔洞修复扭曲　　b) 裂纹修复扭曲　　c) 折断修复扭曲

图 10-14　扭曲试验

三、学习任务作业单

车身塑料件的修复　任务作业单

班级：_____　姓名：_____　学号：_____　成绩：_____

1. 焊接操作过程中戴口罩的目的是_____。
2. 塑焊枪吹出温度一般能达到_____。
3. 操作人员进入工作场所必须穿好工作服，长发者必须戴_____。
4. 在穿孔修复过程中加铁丝网的作用是_____。
5. 废旧塑料焊条在使用前需_____处理。
6. 焊接完毕时，必须按照正确的操作顺序进行关枪，保持足够的_____，以免损坏焊枪。
7. 塑焊枪出口温度跟_____和_____之间的距离有关，出口温度与_____直接影响加工速度，但温度调节器旋钮应旋至_____或长时间停留在"0"位置，以免造成加热器温度过高而损坏。
8. 塑焊枪使用完停机前，应先将温度调节器旋钮旋至"1"处，_____数 min，待_____冷却后关机，以免余热损坏。

评价总结

1. 小组评价

小组评价表见表 10-6，总分 50 分。

表 10-6　小组评价表

操作项目	考核内容	评分标准	配分	扣分	得分
考核前准备	作业服装整齐，防护齐备，一次性备齐所需工具	根据情况酌情扣分	5 分		
操作步骤	1. 个人安全防护 2. 操作流程规范、合理 3. 修复参数调整合适、操作技能娴熟 4. 记录结果	项目未做不得分，操作方法不当扣 2 分	25 分		
文明操作	操作有序、规范	根据情况酌情扣分	5 分		
安全操作	无机具、人身事故	根据情况酌情扣分	10 分		
7S 管理	整理工具、清洁场地	根据情况酌情扣分	5 分		

2. 教师总体评价（总分 50 分）

项 目 习 题

1. 塑料的种类很多，按其性能不同，可分为_____和_____两大类。

2. 热固性塑料只能经过一次_____后，不再受热软化，只能塑制一次的塑料，该过程不可逆。

3. 热塑性塑料受热时软化，冷却后又变硬，可_____加热塑制的塑料。

4. ABS 的化学成分是_____，在汽车上主要制作_____。

5. 常见车身塑料件的损坏类型有_____、_____、_____、_____、穿孔和_____。

参 考 文 献

[1] 中国汽车维修行业协会.车身修复：模块F［M］.2版.北京：人民交通出版社股份有限公司，2015.
[2] 翟大锋.汽车车身修复［M］.北京：机械工业出版社，2016.
[3] 刘建华.汽车钣金基本工艺与设备［M］.2版.北京：机械工业出版社，2018.
[4] 王德良，袁新.汽车车身修复技术［M］.北京：中国广播电视出版社，2012.
[5] 邱英杰.汽车钣金·涂装·装潢与美容［M］.北京：机械工业出版社，2009.